성인 ADHD와
불안 다스리기

A NEW HARBINGER SELF-HELP WORKBOOK

성인 ADHD와 불안 다스리기

램지 러셀 박사 지음 | **이지민 교수** 옮김

정신과전문의 **양용준 · 유승택** 감수

좋은땅

추천사

"성인 주의력결핍 과잉행동장애(ADHD)와 불안이 겹치는 증상은 흔하지만 잘 다뤄지지 않는 문제입니다. 이러한 문제를 이렇게 친절하고 건설적으로 다루는 책은 거의 없습니다. ADHD를 안고 살아가는 사람이라면 누구나 이 책《성인 ADHD와 불안 다스리기》가 큰 도움이 될 것이라 확신합니다."

— *Mark Bertin*, 의사, 《*Mindful Parenting for ADHD, Mindfulness and Self Compassion for Teen ADHD*》 저자

"실용적이고, 간결하며, 핵심을 찌르는 책입니다. 군더더기 없이 직설적이고, 꾸밈없이 바로 본론으로 들어가는 ADHD 친화적인 책입니다. ADHD와 관련된 다양한 형태의 불안을 깊이 이해하는 저자가 쓴 이 책은 이야기와 워크북을 능숙하게 결합해 재미있으면서도 교육적이고 실용적인 방법으로 자신의 삶을 설계하고 개선할 수 있도록 도와줍니다. 이 분야의 거장이 쓴 훌륭하고 유익한 책입니다."

— *Edward "Ned" Hallowell*, 의사, 《*Driven to Distraction*》, 《*ADHD Explained*》를 포함한 다수의 책 저자 및 공동 저자

"《성인 ADHD와 불안 다스리기》는 ADHD를 관리하는 방법을 배우는 과정에서 느낄 수 있는 압도감과 혼란을 해소합니다. 램지 박사는 독자들에게 실천 가능한 단계별 과정을 만들어 장마다 어려움을 줄이며 ADHD를 관리하는 명확한 행동 계획을 제시합니다."

— *Kathleen Nadeau*, 박사, ADHD 관련 12권 이상의 책 저술,
미국 최대 ADHD 전문 클리닉 중 하나인 체서피크 센터의 설립자 겸 센터장

"램지 박사가 쓴 이 책은 성인 ADHD를 위한 훌륭한 책입니다. 성인 ADHD 당사자들뿐만 아니라 가족, 치료사, 도움을 주고자 하는 사람들에게도 유용합니다. ADHD가 있는 사람들은 일상의 요구에도 쉽게 압도되는 경향이 있습니다. 하지만 이 책에 제시된 단계별 과정을 통해 대처 방법뿐만 아니라 각 단계를 실행하기 위한 동기를 스스로 부여하는 방법도 배우게 됩니다."

— *Judith S. Beck*, 박사, 인지행동치료 연구소 회장,
《*Cognitive Behavior Therapy*》 저자

"이 책은 매우 유용하며, 단순히 틀에 박힌 방식으로 불안을 없애는 방법을 설명하는 책이 아닙니다. ADHD가 있는 독자들이 다양한 상황에서 여러 유형의 불안으로 인해 삶이 복잡해지는 구체적인 예를 책에 적어 보면서 맞춤 대응책을 생각해 볼 수 있도록 합니다. 램지 박사는 ADHD의 '일관성 있는 비일관성'을 극복하고 지나친 불안을 점진적으로 줄일 수 있

는 전략과 구체적인 행동을 알려 줍니다.

— *Thomas E. Brown*, 박사, 캘리포니아 리버사이드 대학교

의과대학 정신의학 및 신경과학 임상 교수

"램지 박사의 최신 저서는 ADHD와 불안을 안고 사는 사람들에게 필요한 중요한 정보로 가득한 안내서로, 독자들을 자기 성찰과 실용적인 자기 개선의 여정으로 이끕니다. 다른 ADHD 관련 도서를 읽었지만 ADHD와 불안의 연결 고리가 부족하다고 느꼈다면, 이 책이야말로 당신을 위한 것입니다!"

— *Abigail Levrini*, 박사, 심리 전문가, 미국 심리학회 베스트셀러

《*Succeeding with Adult ADHD*》및《*ADHD Coaching*》저자

"ADHD 하나만으로도 충분히 고통스러운데, 불안과도 싸워야 하나요? 램지 박사는 성인 ADHD 분야의 최고 임상 전문가로서 그 어려움을 깊이 이해하고 있습니다. 이 실용적인 책에서 램지 박사가 공동 개발한 입증된 인지행동치료(CBT)의 도움을 받아 보세요. 램지 박사는 단순한 조언을 제공하는 것이 아니라 실질적이고 변화를 가져오는 전략을 제시합니다. 자신감, 집중력, 평정심을 기를 수 있습니다."

— *Gina Pera*, 《*Is It You, Me, or Adult A.D.D.?*》저자 및

《*Adult ADHD-Focused Couple Therapy*》공동 저자

"ADHD와 불안을 극복하는 이들을 위해 맞춤 제작된 램지 박사의 책은 실질적인 전략, 유익한 연습, 통찰력 있는 지침을 제공합니다. 인지 왜곡을 통제하고, 집중력을 높이며, 검증된 기술로 도전에 맞서세요. 공감과 전문성으로 쓰여진 이 책은 더욱 충만하고 균형 잡힌 삶을 위한 여정의 동반자가 될 것입니다."

— *Stephanie Moulton Sarkis*, 박사, 심리치료사 및 《*Gaslighting*》과
《*Healing from Toxic Relationships*》 저자

"램지 박사는 그의 멋진 신간에서 ADHD와 불안이 왜 깊이 얽혀 있는지, 어떻게 기존의 대처 전략을 더 효과적인 것으로 대체할 수 있는지 보여줍니다. 이 책은 CBT의 핵심 개념을 적용해 유익한 성찰 연습과 실습 기회를 다수 제공하며, 다양한 불안 관련 문제 관리를 위한 실질적인 전략과 개인적인 통찰을 개발할 수 있게 돕습니다. 저는 ADHD가 있는 성인들과 그들과 함께 일하는 전문가들에게 이 훌륭한 책을 추천합니다!"

— *Sharon Saline*, 심리학 박사,
수상작 《*What Your ADHD Child Wishes You Knew*》,
《*The ADHD Solution Card Deck*》 저자

"이 필수 안내서를 통해 불안과 ADHD의 복잡성을 탐구해 보세요! 이 책은 불안과 ADHD의 도전에 맞서고 있는 분들에게 가치 있는 통찰과 실천 가능한 전략을 제공하는 필독서입니다. 개인적인 성장과 회복을 위한

필수 도구로서 이 책을 강력 추천합니다."

— *Tamara Rosier*, 박사,

《*Your Brain's Not Broken*》 저자

"ADHD는 혼자 다니는 경우가 드물며, 불안은 흔한 동반자 중 하나입니다. 이 책은 ADHD와 불안이 결합된 문제를 함께 헤쳐 나가는 방법을 환자와 의사 모두를 위한 훌륭하고 친절한 안내서입니다. 성인 ADHD를 전문적으로 다룬 램지 박사의 방대한 경험이 이 책에 잘 드러나며, 해당 주제를 다룬 도서 중 단연 최고라고 할 수 있습니다. 이 책을 강력히 추천합니다!"

— *Lidia Zylowska*, 정신과 의사,

《*The Mindfulness Prescription for Adult ADHD*》,

《*Mindfulness for Adult ADHD*》 저자

성인 ADHD와 불안 다스리기

목차
—

서문

저는 ADHD가 있는 내담자나 청중들에게 이렇게 말하곤 합니다.

"ADHD가 있는데도 조금도 불안하거나 우울하지 않다면, 주의를 기울이지 않고 있는 겁니다."

물론, 이건 농담이지만 동시에 뼈아픈 진실이기도 합니다. 이 글을 읽고 있다면 제가 무슨 말을 하는지 아실 겁니다. ADHD를 잘 관리하지 못하면 더 많은 좌절, 실망, 그리고 계획했거나 희망했던 것을 실행하지 못하는 상황에 직면하게 될 가능성이 큽니다. 불안하거나 우울하다는 감정이 단순히 부정적인 생각에 의한 지나친 상상이라고 말하고 싶지만, 그러한 의심과 불편한 감정 속에는 너무도 많은 진실의 씨앗이 담겨 있습니다. 이게 나쁜 소식입니다.

그렇다면 좋은 소식은 무엇일까요? ADHD가 제대로 관리되지 않아서 불안감을 쉽게 유발한다면, ADHD를 잘 관리하게 되면 걱정할 일이 훨씬 적어진다는 겁니다. 이는 특히 ADHD 진단을 받기 전에 불안증으로 인해 치료를 받거나 약물을 복용한 적이 있는 분들에게 중요한 이야기입니다. 그 치료가 어느 정도 도움이 되었을 수도 있지만, 기대만큼 효과가 없었을 것입니다. 마치 천장의 물 얼룩을 지우기 위해 덧칠하지만 정작 지붕의 새는 부분은 고치지 않는 것과 같습니다. ADHD가 다시 작동하는 순간에 다시금 그 모든 나쁜 감정들이 밀려오게 되니까요.

이 책이 훌륭한 이유는 여기에 있습니다. 책에는 많은 일들을 실제로 해내도록 돕는 전략들이 가득 담겨 있을 뿐 아니라 그 일을 해냈을 때 기분이 좋아질 것이란 점입니다. ADHD는 근본적으로 신경학적인 질환이지만, 평생 ADHD 순간들을 겪으며 형성된 심리적인 요소들이 많습니다. 정해진 시간에 작업을 일관성 있게 수행하는 것이 어려워질 뿐만 아니라, 자신이 하는 있는 일에 대해 자부심을 느끼기도 힘들어집니다. 애초에 자신이 그 도전에 맞설 수 있을지에 대한 확신을 가지는 것도 어려워지죠.

이 책을 쓸 수 있는 최고의 적임자는 단연코 러셀 램지 박사라고 생각합니다. 그는 임상의이자 연구자의 모범으로서 사람들과 직접 소통하는 법을 알고 가장 효과적인 도움을 제시하는 모든 연구를 숙지하고 있습니다. 저는 그의 글과 발표에서 항상 무언가를 배우고 그의 말을 제 발표에서 자주 인용합니다. 그는 다른 사람들의 연구를 잘 통합하고, 자신의 통찰을 더하며, 이해하기 쉽게 설명하는 데 탁월한 능력을 지니고 있습니다.

인지행동치료(CBT)는 ADHD와 불안의 연결 고리를 끊는 완벽한 방법입니다. ADHD가 일상 생활에 미치는 영향을 줄일 수 있을 뿐만 아니라, 상황이 잘못되었을 때 극복할 수 있는 도구를 제공합니다. 노력을 기울이면 그만큼 기분이 나아질 것입니다.

램지 박사는 사람들의 목표가 ADHD나 불안을 줄이는 것이 아니라 더 나은 삶을 사는 것이라는 사실을 잘 알고 있습니다. 이는 시간을 더 잘 활용하고, 미루기를 조금씩 극복하며, 인간 관계 만족도를 높이고, 불가피한 좌절을 회복 탄력성 있게 다루며, 자신을 잘 돌보는 데 시간을 할애하는 것을 의미합니다. 이러한 것들을 통해 정말로 중요하게 생각하는 것을 추구할 수 있는 힘을 가질 수 있을 것입니다. 당신은 이러한 궁극적인 보상을 받을 자격이 있습니다.

— *Ari Tuckman*, 심리학 박사, 《*ADHD After Dark*》,

《*Understand Your Brain, Get More Done*》, 《*More Attention, Less Deficit*》,

《*Integrative Treatment for Adult ADHD*》 저자

이 책을 열며:
삶에서 감정적으로 압도당하는 느낌

이 책을 읽고 있다는 것은 당신이 주의력 결핍/과잉 행동 장애(ADHD)를 가진 성인으로, 불안을 동시에 경험하고 있다는 것을 의미합니다. 저는 이것을 성인 ADHD-불안 연결이라 부릅니다. 성인 ADHD 치료 심리학자로서 저는 이것의 영향을 자주 보므로 이 책에서 성인 ADHD-불안 연결과 검증된 인지행동치료(CBT) 도구를 소개할 것입니다. 이를 통해 ADHD와 불안을 보다 잘 관리해 자신감 있고, 집중력을 유지하면서 침착한 상태를 느낄 수 있기를 바랍니다. 이 책은 워크북 형식으로 제작되었으므로, 자신의 구체적인 상황에 맞는 방법을 여러 번 적용해 볼 기회가 있을 것입니다.

일반적 상황

먼저, 당신이 공감할 수 있는 몇 가지 일반적인 상황을 살펴보겠습니다. ADHD와 불안을 모두 경험하는 성인의 이야기입니다. (모든 내담자 예시는 기밀 보호를 위해 가명을 사용하고 사례를 종합했습니다.)

▪ 배리의 이야기

배리는 20대 후반의 남성으로, 대학 때 ADHD 진단을 받았습니다. 그는 평생 동안 조직화와 마무리를 제대로 못해서 고생했습니다. 그는 대학 졸업 후 취업을 하면 급여를 받고, 성적보다 더 중요한 프로젝트들을 다루면 나아질 것이라 기대했습니다. 그러나 ADHD는 여전히 문제를 일으켰습니다. 업무 내외적으로 책임이 늘어남에 따라 스트레스와 불안 수준도 함께 올라갔습니다.

업무가 힘에 겨웠으므로 중간 정도의 실적 평가를 받자 배리는 저에게 도움을 청했습니다. 초기 세션에서는 배리가 금요일 회의 직전까지 잊고 있었던 중요한 업무 보고서를 다루었습니다. 이러한 문제는 배리가 저를 찾게 된 전형적인 사례였습니다. 보고서 완성이 월요일까지였는데, 이는 꽤 빡빡하지만 가능한 시간표였습니다. 우리는 이 명확한 과제에 대응하기 위한 합리적인 계획을 세웠습니다. 배리는 이 보고서를 두 시간 정도면 작성할 수 있을 것이라고 생각했습니다. 저는 배리에게 물었습니다.

"계획 실행에 방해가 될 수 있는 것은 무엇인가요?"

배리는 이렇게 답합니다.

"할 수 있는 걸 알지만 주말 내내 스트레스를 받으며 마지막 순간까지 미룰 것 같아요. 끝내긴 하겠지만, 일찍 시작했다면 더 나았을 것이라고 후회할 거예요."

결국 그렇게 되었습니다.

이 상황이 낯익게 느껴지나요? 스스로 계획은 세웠지만 너무 오래 미뭐 결국 나중에 대가를 치르는 경우가 많습니까? 이것은 직장 업무나 학교 과제일 수도 있고, 가사나 심부름, 기타 약간의 노력이 필요한 일상적인 일일 수도 있습니다. 특히 ADHD 성인의 경우 흥미롭지 않은 일에 노력을 기울여야 한다면 더욱 일을 미루게 마련입니다(Jaffe 2013).

아마 시간과 업무를 계획하고 배분하는 것에 대해 많은 조언을 들어 보셨을 것입니다. 그리고 ADHD 성인에게는 그것이 얼마나 힘든 일인지도 잘 알고 계실 겁니다. 계획을 세우는 것조차도 불안과 스트레스를 유발할 수 있습니다. 끊임없이 밀려드는 의무를 조율해야 하는 스트레스에 압도당하고 있을지도 모릅니다. 단 한 가지 일을 끝내는 데도 너무 많은 시간, 집중력, 에너지가 필요하다고 느껴, 그 일을 끝낸 후에는 다른 일을 할 힘이 없을 정도로 지치고 스트레스를 받을 수 있습니다. 더욱이 ADHD 성인들은 상황을 수습하느라 계속 사과하고 이리 뛰고 저리 뛰는 자신을 발견하는 경우가 많습니다. 주변 사람들을 실망시키지 않으려고 거짓 평계를 만들기도 합니다.

■ 켈리의 이야기

계획적인 생활이 안 되고, 사과하고, 만회를 위해 허둥대는 것은 ADHD와 오랫동안 씨름해 온 켈리가 겪는 상황입니다. 계획적인 생활이 안 되니 약속이나 행사 참석, 일상적인 책임 수행 능력이 저하되었습니다. 켈리는 딸의 축구 경기에 자기가 간식 담당임을 두 번이나 연속으로 잊어버린 '간식 망신' 사건을 이야기하면서 눈물을 참았습니다. 이미 지각이었기 때문에 켈리는 딸을 운동장에 내려 주고 편의점을 찾아 급히 차를 몰았으나 과속으로 경찰에 잡혔습니다. 켈리는 계획을 세우는 체계를 만들어 보려고 수많은 시도를 했으나 실패해 그날그날 대충 살기로 마음먹었습니다. 그러나 매일 중요한 일을 놓쳐서 누군가를 실망시킬지도 모른다는 끊임없는 걱정으로 지쳐 버렸습니다.

켈리의 '간식 망신' 사건처럼 뭔가를 잊고 있었음을 깨닫는 순간을 얼마나 자주 겪어 보셨나요? 이렇게 갑작스럽게 당황스러운 순간들 외에도, 성인으로서의 의무와 역할을 수행하는 일상의 스트레스가 가족, 친구, 동료 등 다른 사람들에게 영향을 미치고 있지는 않나요? 이것이 ADHD의 외부에 드러나는 측면입니다. 이러한 ADHD 파급효과는 당신이 지각하거나, 약속을 잊어버리거나, 중요한 세부 사항을 놓치거나, 물건을 잃어버리거나, 또는 다른 유사한 문제 시 타인의 반응을 처리하는 과정에서 스트레스를 가중시킵니다. 아마도 타인의 실망한 표정, 깊은 한숨, 그리고 노골적인 비판을 경험했을 것입니다.

때때로 자신이 인정받지 못하거나 오해 받고 있다고 느끼기도 하나요? 당신의 좋은 면과 행동을 다른 사람들이 알아주지 않는다고 느끼시나요? 사람들 눈치를 보느라 스트레스를 받고 늘 방어적이 된다고 느끼시나요? 단순한 일을 하는데 과도한 시간과 에너지를 쏟아붓고도 뒤처지는 것이 완벽주의로 보일 수도 있습니다. 타인이 당신을 도울 수 있다는 걸 알지만, 도움을 청하면 거절을 당하거나 당신이 손이 많이 가는 사람으로 인식될까 봐 꺼려질 수 있습니다. 수잔이 그런 문제를 겪었습니다.

▪ 수잔의 이야기

ADHD가 있는 수잔은 자신에게 잘 맞는 영업 업무를 찾았습니다. 활기찬 성격 덕분에 대면 고객들에게 인기가 많았습니다. 그러나 전화나 이메일로 응대하는 것은 큰 스트레스였습니다. 수잔은 불안감 때문에 전화를 음성 사서함으로 넘기고 이메일 회신을 미루기 일쑤였습니다. 자신의 생각을 정리하고 표현하는 데 어려움이 있었기 때문에 자신이 산만하고 아마추어처럼 보일까 걱정했습니다. 그 결과 수잔은 이메일 작성에 과도한 시간을 쏟았고, 음성 사서함 회신을 준비하는 데 많은 시간을 소비했습니다. 도움이 필요하다는 것을 알았지만, 도움을 요청하는 것이 징징거리는 것으로 보일까 봐 망설였습니다. 그녀는 극복이 필요하다고 느꼈습니다.

다른 사람들이 당신에 대해 어떻게 생각하는지, 즉 당신의 평판에 대해 스트레스를 받나요? 편한 사람들과 함께 있을 때는 스트레스가 덜할 수도 있습니다. 그러나 당신을 이해해 주는 안전한 피난처가 없을 수도 있습니다. 좋은 친구가 있더라도, 지금은 그런 일이 일어날 가능성이 없어도, 혹시라도 거절당할지도 모른다고 걱정할 수 있습니다. 실제로 과거에 그런 일이 있었을지도 모릅니다. 그럼에도 불구하고, ADHD로 인한 평생의 비판, 놀림, 실망, 좌절은 당신의 자존감을 약화시킬 수 있습니다. 이렇게 자신감이 저하되면 타인과의 교감을 꺼리게 됩니다. 이는 트렌트가 겪었던 문제이기도 합니다.

▪ 트렌트의 이야기

트렌트는 호감 가는 사람임에도, 자신이 친하다고 생각하는 범위에 속하지 않은 직장이나 사적 관계의 사람들에게는 방어적인 느낌을 갖게 된다고 설명했습니다. 그의 스트레스는 오랫동안 지속된 주의 산만과 잡생각에서 비롯되었는데, 이는 수업, 회의, 대화 및 기타 사회적 상황에 영향을 미쳤습니다. 트렌트는 ADHD로 인해 멍해진 상태를 숨기면서 시간을 벌어 대화의 흐름을 되찾는 데 능숙해졌습니다. 하지만 그 과정에서 종종 중요한 세부 사항, 특히 직장에서의 지시 사항을 놓치곤 했습니다. 그는 잠재적인 비판에 대비해 경계하는 마음가짐을 갖고 있다고 자신을 묘사했습니다.

트렌트의 첫 번째 치료사는 그의 소극적인 태도가 다른 사람들의 평가를 과도하게 두려워하는 전형적인 증상이므로 사회 불안 장애로 진단했습니다. 초기에는 약간의 진전이 있었으나 더 이상 진전이 없다가 나중에 불안의 원인이 ADHD에 있음을 알게 되었습니다. 트렌트는 그 즈음에 거절 민감성 불쾌감(Rejection Sensitive Dysphoria, RSD)(Dodson 2023)에 대해 알게 되었습니다. RSD는 거절이나 비판을 받을 때 강한 감정적 반응을 보이는 것으로, 근거가 있는 비판인 경우에도 반응의 정도와 지속성이 과도합니다. 이 문제에 대해서는 나중에 더 자세히 다룰 것입니다.

트렌트의 초기 불안 진단은 어느 정도 이해가 됩니다. 불안은 성인 ADHD에 가장 흔히 동반되는 감정적 진단입니다. 불안과 ADHD가 모두 있다면, ADHD가 불안의 주요 원인일 가능성이 큽니다. 공황이나 광장 공포증처럼 극단적이거나 심각한 불안을 경험하지는 않더라도, 아마도 배리처럼 일을 미루거나 불편한 감정을 갖게 되거나, 수잔처럼 자기 의심과 걱정을 하고, 트렌트와 같이 경계심을 높이거나, 켈리처럼 계획을 세우는 것이 너무 어렵고 더 큰 불안감을 유발하는 경험을 한 적이 있을 것입니다. 이러한 어려움으로 인해 사람들은 도움을 청합니다.

《성인 ADHD와 불안 다스리기》는 ADHD와 불안감에서 비롯되는 이러한 문제들을 해결하는 데 도움이 됩니다. ADHD로 인한 어려움은 스트레스와 불안을 통해 더욱 증폭됩니다. 사실 처음에는 불안과 우울로 도움을 구하다가 나중에 ADHD가 마지막 퍼즐 조각이었음을 알게 되는 경우가 많습니다.

어릴 때 ADHD 진단을 받은 경우도 있을 것입니다. 이 진단을 어린 시절에 한정하는 경우가 많지만 이제 어린이와 청소년에 받은 진단이라도 이것이 성인기까지 지속될 수 있음이 알려졌습니다. 어릴 때 진단을 받았다면 약을 복용하거나 학교 진도를 따라잡기 위해 수면과 방과 후 활동을 희생하는 등의 조치를 취했을 것입니다. 부모가 숙제를 도와주는 등다른 사람들의 도움을 받았을 수도 있습니다. 그렇지만 성인기의 책임과역할은 그렇게 관대하지 않습니다. 학생 때처럼 새 학년이 시작될 때 새로 시작할 수 있는 것도 아닙니다. 학교에서 효과적이었던 많은 전략이성인이 다니는 직장이나 대학에서는 지속 가능하지 않습니다. 혼자 하루를 버티는 것만으로도 충분하지 않습니다. 아이들이나 고용주와 같이 다른 사람들이 당신에게 의존하기도 하는데, 이는 또 다른 책임, 스트레스, 좌절을 추가합니다. 또한 가계를 관리하고, 생활 공간을 유지하며, 병원 방문 및 사회적 행사와 같은 약속을 지키고 조직해야 합니다.

한편, 당신은 어린 시절과 청소년기에 주의 산만, 안절부절, 충동 조절 문제와 그로 인한 여러 다른 문제들을 겪었을지도 모릅니다. 당신은 계획력 부족, 과제 지각 제출, 또는 건망증 등의 어려움을 겪었을지도 모릅니다. 잠재력을 충분히 발휘하지 못하거나 무언가 잘못되었다고 느꼈지만 ADHD로 확인된 것은 성인이 되고 나서였을 수 있습니다.

어린 시절에는 그럭저럭 지내거나 심지어 잘 지냈을 수도 있습니다. 하지만 성인이 되면서 좋은 정리 능력을 요구하는 여러 지속적인 요구에 직면하면서 상황이 달라졌을 것입니다. 또한, 부모나 교사가 유지해준 ADHD 치료 체계를 이제는 스스로 혼자 만들어 가야 하는데, 이는 전속력으로 달리는 동시에 신발끈을 묶는 것처럼 어렵게 느껴질 수 있습니다. 다행히 이제는 미루거나, 약속 시간을 어기거나 아이들 일정을 따라가지 못하거나 계획 실행이 부족한 이유가 욕구나 능력 부족 때문이 아니라 ADHD 때문인 것을 알게 되었을 것입니다.

주의력 부족, 안절부절, 충동성 등으로 인해 발생한 수많은 문제를 분명히 알고 있을 것이지만 증상을 아는 것만으로는 ADHD의 본질을 포착했다고 할 수 없습니다. 의료적으로 비유하면 열이 나는 건 알지만 이 열의 원인을 모르는 것과 같습니다. 이러한 관점에서 ADHD는 만성적이고 광범위한 자기 조절신뢰성 부족의 문제입니다.

자기 조절

자기 조절은 자신을 관리하는 데 사용하는 일련의 행동을 의미합니다. 자기 통제 능력으로서, 이는 설정한 목표를 달성하는 데 도움이 됩니다 (Goldstein & Naglieri 2014). 자기 조절은 자신의 의도를 행동으로 바꾸는 것으로, 크고 작은 목표를 달성하는 데 도움을 줍니다. 알람을 맞춰 놓고 일어난 적이 있다면, 이는 자기 조절을 발휘한 것입니다. 다음 날 직장에 가져갈 물건을 현관에 놓아둔 적이 있다면, 그것도 자기 조절입니다. 시간을 낭비하지 않기 위해 SNS 앱을 삭제한 적이 있다면, 그것도 자기 조절을 한 것입니다.

자기 조절은 또한 마음가짐을 통해서도 이루어집니다. 업무 발표 자료를 준비하거나 운동을 하기 싫을 때, 나중에 받을 보상을 생각하며 집중하는 것이 그 예입니다. 장기적인 동기부여는 단기적으로 보상받을 수 있는데, 예를 들어 발표 자료 준비나 운동을 마친 후 영화를 보는 것으로 보상하는 것입니다.

모든 사람은 자기 조절 능력을 가지고 있으며, 이는 실행 기능(executive function)으로도 알려져 있습니다(Barkley 2012; 2015). 실행 기능은 여러 기술 범주로 나눌 수 있는데, 이는 1장에서 더 자세히 설명할 것입니다. 이러한 범주에는 시간 관리, 계획 이행, 열쇠와 출입증 같은 물건 정리정돈, 가계 관리와 차량 등록 유지 등의 조직력이 포함됩니다.

ADHD의 문제는 이러한 실행 기능이 만성적으로 불안정하다는 것입니다. 예를 들어 업무 자료를 정리해야 한다는 생각만으로도 스트레스를 받아서 발표 당일 아침까지 준비를 미루거나, 지금 영화를 보면 나중에 운동하고 싶은 마음이 들 것이라고 스스로를 설득하기도 합니다.

당신이 이 책을 찾게 된 이유를 파악해 보자면, 당신은 실행 기능과 관련된 언어를 사용한 적이 있을 것입니다. 예를 들어, 덜 미루기, 하루 계획을 더 잘 세우기, 친구와 가족에게 더 빨리 응답하기, 청구서와 집안일을 잘 처리하기, 다른 사람들의 반응에 덜 민감해지기 등일 것입니다. 5장에서 자세히 다룰 미루는 습관은 스트레스와 짜증을 유발할 뿐 아니라 그 여파를 감당해야 합니다. 이와 마찬가지로 시간 관리가 제대로 되지 않아 발생하는 지각, 놓치거나 잊어버린 약속은 인간 관계 등에서 스트레스와 불안을 초래합니다.

실행 기능 문제로 인해 ADHD 자체가 불안을 유발한다는 것을 알고 계시나요? ADHD를 겪으며 자라온 경험을 살펴보면 스트레스, 근심, 기타 다양한 형태의 불안이 생활에서의 역할과 노력과 연결됩니다. 불안은 ADHD의 '일관된 비일관성'으로 인한 위험을 알려 줍니다. ADHD 성인 대부분은 스트레스를 유발하는 짜증 경험이 있습니다. ADHD를 견디는 것 자체가 스트레스가 많습니다. 일관된 비일관성에 직면하면 불안이 활성화됩니다. 동시에 이 불안은 불안을 유발하는 원인에서 벗어나거나 피하고 싶은 욕구, 즉 '회피-도피'를 일으킵니다. 이러한 패턴은 마치 불에 기름을 끼얹듯이 ADHD에 의해 증폭되고 동시에 ADHD를 악화시킵니다. 발표 준비를 하는 것이 좋다는 것을 알면서도 준비를 하지 않거나, 운동을 하면 기분이 더 나아질 것을 알면서 운동을 건너뛰고 영화를 보는 것이 그 예입니다.

성인의 ADHD-불안 연결은 ADHD로 인한 어려움과 씨름하면서도 매일매일의 책임과 역할을 완수해야 하는 일상의 요구에 의해 촉발됩니다.

당신은 아마도 성인으로서 많은 역할과 의무가 있을 것입니다. 직장에서의 시간 관리뿐 아니라 전 배우자와의 양육권 및 방문 일정을 소화해야 할 수도 있습니다. 야간학교를 다니고 가사를 하면서 편찮으신 부모님을 병원에 모셔드려야 할 수도 있습니다. 매일매일 ADHD와 씨름하면서 지치고 힘이 들어 눈물짓고 있을 수도 있습니다. 이러한 압도감은 자기 조절이 힘이 들어 발생하는 자기 의심과 불확실성에서 비롯합니다. 이 모든 것이 좌절감의 악순환을 만들어 아무 것도 할 수 없다는 무력감을 느끼게 만듭니다. 이 단계에서 ADHD와 불안이 결합됩니다.

위 내용 중 조금이라도 당신이 직면한 문제와 비슷한 점이 있다면, 이 책이 도움이 될 것입니다. 이 책은 당신의 일상 생활에 변화를 가져올 기술을 제공하고, 의도를 행동으로 성공적으로 전환하며, 스트레스와 불안을 극복하는 데 도움이 될 것입니다.

우리 모두가 나중에 더 큰 스트레스를 받을 걸 알면서도 당면한 스트레스, 불안, 그리고 기타 불쾌한 감정을 느껴서 계획 실행을 회피한 경험이 있습니다. 이 책은 실행에 관한 것입니다. 당신이 세운 계획을 실행할 수 있도록 돕는 것입니다!

이 책의 장점

저는 성인 ADHD 전문 심리학자로서 이 책을 제공합니다. 저는 인지행동치료(CBT) 방식을 사용합니다. CBT는 이미 자리를 잡은 증거 기반의 성인 ADHD 치료법입니다. 이 책에서의 제 CBT 접근 방식은 실행에 중점을 두고 있으므로 당신의 생활 환경에 맞추어 적용 가능합니다. 만약 미루는 버릇으로 어려움을 겪고 있다면, 미루기 방지 기술을 사용해 하기 싫은 일을 시작할 수 있습니다. 약속을 지키는 데 어려움을 겪고 있다면, 일일 계획표와 할 일 목록 사용을 포함한 시간 관리 기술을 활용할 수 있습니다. 직장과 개인 관계에도 미루기 방지와 시간 관리 기술이 도움이 될 것입니다. 다른 족집게 기술을 통해서도 인간 관계를 개선하고 민감성을 줄일 수 있을 것입니다. 성인 ADHD를 위한 CBT 기술과 전략은 인간 행동에 대한 다양한 이해, 특히 생각과 감정의 교차점을 기반으로 합니다.

《성인 ADHD와 불안 다스리기》는 특히 생활에서 발생하는 업무, 집안일, 요구 사항, 역할을 마주할 때 생기는 불안, 걱정, 두려움, 긴장 등의 감정적 과부하로 ADHD 대응에 어려움을 겪는 성인을 위한 책입니다. 즉, ADHD-불안 연결을 다룹니다.

이 책은 정식으로 불안 진단을 받지 않은 분들에게도 도움이 됩니다. 앞서 언급했듯이, ADHD가 불안의 주요 원인일 가능성이 높습니다. 평소에는 편안한 편인데 외부 도움 없이 스스로 업무 계획을 세우고 실행해야 하는 프로젝트 마감일이나, 마감일은 없지만 '해야만 하는' 일을 마주하기 시작하면 스트레스와 불안이 스며드는 경우가 있습니다. 처음에는 이러한 불편감으로 인해 일을 미루고 회피하다가 점차 반드시 해야 하는 지점에 도달하게 됩니다. 이 시점에서 불안은 공황으로 변하고, 프로젝트 마감 전날 밤에 몰아치며 작업을 하게 됩니다. 이는 건강하지 않고 지속가능하지 않은 스트레스로 가득한 생활 방식을 초래합니다.

그렇지만 그 지점에 도달하기 전까지는, 합리적인 계획이라 하더라도 당신의 마음속에서는 '일', '집안일', '지루한 일' 또는 '따분한 일'로 인식되어 결국에는 더 많은 스트레스를 유발하고 미루기 쉬운 상태가 됩니다 (Jaffe 2013). 이러한 연결은 아마도 평생 ADHD와 씨름한 경험에서 비롯된 것으로, 결국 불안을 유발합니다. 불안이 국소적이라 하더라도 이 책에서 제시하는 아이디어와 제안을 통해 문제에 더 효과적으로 대응하고 시간 여유와 마음의 평화를 얻을 수 있게 될 것입니다.

당신이 이 책을 선택한 이유는 오랫동안 불안을 짊어지고 다녔고 일부 개선은 있었으나 한계에 도달했기 때문일 것입니다. 이는 처음에는 우울증이나 불안으로 진단받았으나 나중에 ADHD임을 알게 된 많은 성인에게 일어나는 일입니다. 당신은 아마도 삶에서 일관성 부족을 일으키는 무엇이 있다는 것을 느꼈을 것입니다.

켈리와 같은 많은 여성들이 나중에 ADHD로 진단을 받았는데, 이들은 처음에는 불안이나 우울증 치료를 받았습니다. 사실 ADHD 여성은 성인 ADHD-불안 조합에 더 취약할 수 있습니다(Fuller-Thomson, Carrique & MacNeil 2022). 성인 ADHD의 유병률은 남녀가 비슷하지만, 많은 여성들이 성인이 되어서야 진단을 받고 평균적으로 남성보다 더 늦게 진단을 받습니다. 학생 연령대에서는 여전히 남학생에 비해 여학생의 진단 비율이 낮은데, 이 차이는 남학생에게서 과잉행동과 그로 인한 결과 때문에 확인이 더 쉽기 때문입니다. 여학생들의 주의력 부족과 산만함은 종종 눈에 띄지 않습니다.

이 이야기들 중 어느 하나라도 당신에게 공감된다면, 이 책이 당신에게 큰 도움이 될 것입니다. 이제 이 책의 목적과 읽는 방법에 대해 설명해 드리겠습니다.

이 책을 활용하는 방법

이 책에서는 당신이 맞춤 해법을 찾을 수 있도록 많은 기회를 제공합니다. 자신의 문제를 파악할 수 있도록 개별 장에서 맞춤형 성찰과 연습 기회를 제공합니다.

해야 하는(또는 하지 말아야 하는) 것, 조언을 실행하는 방법 등에 관해 구체적인 제안과 틀을 제공합니다. 현대 의학은 ADHD를 지식의 문제가 아니라 실행의 문제로 접근합니다. 아마도 이런 생각을 해 보셨을 것입니다. "이걸 할 수 있었으면 이 책을 읽지도 않았어." 또는 "뭘 해야 하는지는 너무너무 잘 알지만 실제로 할 수가 없는걸."

목적지로 운전할 때 여러 경로를 선택할 수 있는 것처럼, ADHD에 잘 대처하고 삶의 주도권을 되찾는 방법도 여러 가지가 있습니다. 대처 기술과 도구는 당신의 스타일에 맞게 적용할 수 있습니다. 대처 전략은 제가 여러분을 위해 제시하는 청사진입니다. 여러분은 자신에게 가장 잘 맞는 기술에 집중하고 자신에게 맞춤화하십시오. 그렇게 되면 앞으로도 더 일관성 있고 성공적으로 그 기술을 사용할 수 있을 것입니다.

이 책 전체에서 만나게 될 대처 행동 계획은 SAP라는 세 단계로 요약할 수 있습니다.

- 구체적(Specific)일 것
- 실행 가능한(Actionable) 단계로 과업을 정의할 것
- 목표 지점(targeted Pivot point)에서 실행할 것

목표 지점은 대응 전략 등과 같이 구체적이고 실행 가능한 계획을 실행함으로써 하루 일과를 구성하는 전환 지점을 의미합니다. 예를 들어 아침 기상 시각과 같이 매일 정해진 시각이나 저녁 식사 후와 같이 하루 일과 중 반복되는 특정 행동과 연결되기도 합니다.

핵심은 가치 있는 작업을 자신이 실제로 할 수 있다고 생각하는 일련의 실행 가능한 행동 단계로 만드는 것입니다. 요리를 못하는 사람이 사용하는 방법과 비슷합니다. 이러한 사람들은 과업을 단계별로 나누어 따라 하는 것이 효과적입니다. 예를 들어 ① 팬을 꺼낸다 ② 물을 채운다 ③ 불 위에 얹는다 ④ 물을 끓인다 ⑤ 스파게티 면을 넣는다 등등등입니다. 단계를 따라 가다 보면 요리가 완료됩니다. 이 책도 마찬가지로 이렇게 연습하고 연마가 가능하도록 만들어져 있습니다. 그러므로 이 책에서 제시하는 SAP와 같은 지침을 따르되 요리법처럼 자신에게 맞도록 변형하세요.

CBT의 효과는 입증된 바 있습니다. 이 책의 초점은 효과적인 것을 구현하는 것입니다. 요리 비유와 마찬가지로, 경험 많은 요리사도 단계별 실행을 통해 요리를 합니다. 기초를 바탕으로 새로운 요리를 실험하고 변형합니다. 우리도 함께 몇 가지 요리를 만들 것입니다. ADHD와 이에 수반되는 스트레스 및 불안을 극복하는 목표 달성을 위한 기술, 도구, 연습 레시피를 활용해서 말이지요. 여러분의 삶의 경험을 바탕으로 이러한 연습을 수행한 후 실생활에 활용해 봅니다. 이는 완성된 요리를 실제로 먹어 보는 것과 마찬가지입니다. 이를 통해 당신은 성인 ADHD-불안 주방에서 마스터 셰프가 될 수 있을 것입니다.

이제 구체적이고 실행 가능한 첫 번째 목표 지점인 1장으로 갈 시간입니다. 자, 이제 요리를 시작해 볼까요?

제 1 장

ADHD, 불안,
그리고 이들의 상호 연관성 이해하기

배리는 *ADHD* 검사가 끝난 후 진단명을 들었습니다. 잠시 후, 그는 허리를 곧추세우고 큰 한숨을 내쉬었습니다. 이제서야 그 오랜 기간 동안 정리와 업무 수행이 힘든 이유를 알게 되었기 때문입니다. 대학을 다닐 때 시작된 이 증상은 직장과 집에서도 지속되었습니다. 잠재력이 크다는 얘기도 자주 들었고 스스로 열심히 노력했음에도 무척 힘이 들었습니다.

켈리도 *ADHD* 검사 후 진단명을 알게 되었습니다. 잠시 후 그녀는 고개를 들고 눈물을 터뜨렸습니다. 잠시 자신을 추스른 후 켈리는 자신의 어려움을 이해할 수 있게 되어서 안도감을 느낌과 동시에 더 일찍 진단을 받았더라면 인생이 달라졌을 것이라는 아쉬움을 느낀다고 말했습니다. 그녀가 검사를 받은 이유는 대학에서 강제로 휴학해야 했기 때문입니다. 그녀도 잠재력이 큰데 열심히 노력만 하면 된다는 얘기를 자주 들었던 터였습니다.

ADHD는 누구에게도 관대하지 않습니다. 배리, 켈리, 수잔, 트렌트 같이 많은 사람들이, 그리고 어쩌면 당신도 취업이나 승진 기회를 날리거나 우정을 포함한 인간 관계가 깨지거나 학위 과정을 완료하지 못하거나 기타 여러 기회와 목표를 놓치게 되어 한탄한 경험이 있을 것입니다. 과거에 출간돼 인기를 모은 성인 ADHD 도서 《내가 게으르고, 멍청하고, 미친 게 아니라고요?!》(Kelly & Ramundo 1993)는 정확한 ADHD 진단이 미래를 어떻게 바꿀 수 있는지를 잘 보여줍니다.

진단은 그 자체로 변화의 길을 여는 것은 아니며, ADHD가 일상 생활에 미치는 영향을 명확히 볼 수 있게 됨을 의미합니다. 단순히 주의력과 과잉행동 평가를 넘어 ADHD가 실제 삶에서 어떻게 나타나는지를 보고 이해할 수 있게 되면 대응이 가능할 뿐만 아니라 문제 지점을 예측하고 계획할 수 있게 됩니다. 이 책에서 제시하는 기술과 전략은 여러 과업을 잘 조직하고 실행할 수 있도록 돕는 것을 목표로 합니다. 이 책을 통해 ADHD로 인한 스트레스와 불안 등 여러 증상이 서로를 증폭하는 것을 이해할 수 있게 됩니다. ADHD와 불안을 경험하는 성인을 대상으로 하는 인지행동치료(CBT)를 활용한 변화 과정이 그 핵심입니다.

이제 이 책에서 자신이 얻고 싶은 것에 집중하면서 생각을 정리해 봅시다. 첫 번째 목표는 ADHD와 불안에 직면할 수 있도록 지속적으로 동기부여를 하는 것입니다.

성찰하기

이 책을 통해 달성하고자 하는 목표를 적으세요. 목표의 크기는 상관없습니다. '한 학기 강의를 끝까지 듣기'나 '세탁물 개기'도 좋습니다. 목표가 구체적이고 실행 가능할수록 성공할 확률도 높습니다.

성인 ADHD와 불안 다스리기

ADHD가 평생 동안 노력을 방해했기 때문에, 계획과 목표는 과거의 좌절과 실패로 얼룩져 있습니다. 이는 불안과 연결이 됩니다. 이러한 감정은 계획과 목표가 위험하거나, 실패, 실망, 스트레스, 지루함이라는 위험을 초래한다는 신호를 보냅니다. 이러한 감정을 빠르게 해소할 수 있는 매혹적인 방법이 있습니다. 바로 회피입니다. 하지만 불안은 실제로 성취할 수 있음에도 불구하고 과거에 좌절감을 느꼈던 일은 회피하게 만드는 악순환을 만들 수 있습니다. 이러한 경험이 있으면 불안을 극복하고 의도한 바를 실행하는 것이 어려워집니다.

당신은 아마 이 ADHD와 불안의 악순환과 그로 인한 악영향을 해결하기 위해 이 책을 골랐을 것입니다. 어쩌면 이 책을 들었다가도 다시 내려놓으며 이렇게 생각했을지도 모릅니다.

'난 이미 내용을 알고 있어. 뭘 해야 할지 알아. 다 아는 걸 말하는 책을 또 볼 필요는 없어.'

그렇다면 너무 앞서 나가시는 겁니다. 다른 사람들은 쉽게 관리하는 것들이 ADHD 성인에게는 왜 그리 어려운 것일까요? 어떤 방식으로 불안이 ADHD와 결합해 ADHD를 더 악화시키는 걸까요? 지금부터 ADHD, 불안, 그리고 이들의 결합을 살펴보고, 이것들의 악순환을 깨고 우리 삶을 다시 찾기 위한 준비를 하도록 하겠습니다.

ADHD란 무엇인가?

성인 ADHD가 실제로 어떻게 보이고 느껴지는지 알아봅시다. 분명히 주의력과 과잉행동(그리고 충동성)은 ADHD의 특징적 증상입니다. 이러한 정의는 나쁘거나 잘못된 것은 아니지만 불완전합니다. 당신이 이 책을 훑어보고 도움이 된다고 생각하기는 해도 '이 책이 내 주의력, 과잉행동, 충동성을 해결해 줄 거야'라고 생각하지는 않을 것입니다.

서문에서 ADHD를 자기 조절의 만성적 비효율성과 비일관성으로 보는 현대적 견해를 제시한 바 있습니다. 구체적으로는, 자기 조절의 다양한 구성 요소, 즉 실행 기능에 어려움이 있는 것으로 봅니다. 다음은 실행 기능 평가 리스트입니다.

- **시간 관리**: 시간에 따라 목표를 향해 나아가기 위한 행동의 조직화
- **시간과 작업을 계획하고 조율하기, 가용 자원(예: 지침) 활용**: 약속 등을 관리하고 도움 이용하기
- **충동 제어 또는 자기 억제**: 유혹에 저항하고 만족을 지연하기
- **감정 조절**: 무언가를 할 준비를 하고 감정과 반응 진정시키기
- **동기 부여**: 어려운 과업을 해야 할 때 하고 싶은 마음이 들도록 하는 능력
- **기억/작업 기억**: 정보를 기억하고 계획을 염두에 두는 것
- **행동**: 신체적 또는 정신적으로 부산해서 행동에 영향을 줌
- **집중/주의력**: 중요한 것에 주의를 기울이고 산만함을 피하는 능력
- **노력**: 여러 작업에 대해 필요한 시간과 에너지 배분하기
- **유연성**: 인지적, 감정적으로 상황에 적응하는 능력
- **착수**: 행동과 노력 시작하기
- **자기 모니터링**: 자신의 활동과 방법을 주시하고 점검하기

- **물건 정리**: 물건 관리하기
- **작업 간 전환**: 다양한 역할과 책임 조율하기
- **문제 해결**: 해결책과 결정을 수립하고 실행하기

성찰하기

자신의 실행 기능 상태를 알아봅시다. 위의 리스트를 활용해 성찰합니다. 어려움이 있다고 생각되는 항목이 있으면 거기에 자신의 생각을 적습니다.

- 시간 관리

- 조직과 계획, 가용 자원
  (예: 지침) 활용

- 충동 제어 또는 자기 억제

- 감정 조절

- 동기 부여

• 기억/작업 기억

• 행동

• 집중/주의력

• 유연성

• 착수

• 자기 모니터링

• 물건 정리

• 작업 간 전환

• 문제 해결

이 리스트는 여러 역할 기대에 직면했을 때 ADHD의 실행 기능상의 어려움과 일관성 있는 비일관성이 스트레스와 걱정을 유발하는 방식을 보여 줍니다. 즉, 성인 ADHD-불안 연결이 어떻게 발현이 되는지를 보여 줍니다. 이런 점에서 ADHD는 식중독에 비유할 수 있습니다. 상한 음식과 마찬가지로 ADHD는 시간과 에너지를 투자하고 동기부여를 해 성공하고자 하는 계획, 목표, 노력에 고통을 줍니다. 여기서 노력은 반드시 해야 하는 의무적 노력과 희망에 따른 선택적 노력 모두를 포함합니다. ADHD와 이에 따르는 어려움은 스트레스를 유발해 좌절감과 자기비하를 느끼게 만듭니다. 이는 초밥을 먹다 식중독에 걸려 고통받은 기억에 비유할 수 있습니다. 다음에 초밥을 주문하려고 생각할 때, 이번에는 괜찮을 것이라는 것을 논리적으로 알고 있더라도 구역질이 납니다. 구역질이 나면 음식을 조심하라고 경고하고 자신을 보호하는데, 이는 불안의 역할과 유사합니다. 즉 불안이 과거의 좌절감을 상기시키고 경고하는 정서적 구역질입니다. 성인 ADHD의 정신적 구역질이 바로 불안입니다.

ADHD의 모습은 ADHD GPS에 비유할 수 있습니다. 하루 계획을 목적지로 넣고 계획된 길을 따라 가다 목적지에 도달하면 계획을 달성한 것입니다. 우회 경로를 사용했지만 여전히 목적지에 도달했나요? 너무 늦기 전에 방향을 바꾸었나요? 이러한 비유를 적용해 보면 잘못된 길로 가고 있지만 기름이 떨어지거나 차가 고장 나거나 다른 여러 스트레스 요인이 있어서 오늘은 목적지에 도착하지 못할 수도 있습니다. 지각을 해서 기회를 하나 놓쳤을 수도 있습니다. ADHD도 마찬가지입니다. 몸은 사무실 컴퓨터 앞에 있지만 뇌와 주의력은 귀여운 동물 영상을 보고 있을 수도 있습니다. 공회전하지만 기름을 연소하고 있는 것이지요.

이러한 비유는 ADHD 성인이 일반적으로 겪는 실행 기능 어려움을 잘 나타냅니다. 성인 ADHD 대응에는 기술과 전략 실행에 집중하는 CBT가 특히 도움이 되는데, CBT를 통해 우선순위를 따르고 실행 기능 약점에 대응해 문제를 예방할 수 있습니다.

성찰하기

아래는 ADHD 성인들이 흔히 겪는 스트레스와 불안의 원천인 일반적인 실행 기능 문제를 나타냅니다. 자신이 느끼는 정도에 따라서 1~5점을 매기고 빈칸에 적으세요. (1: 그렇지 않다, 2: 가끔 그렇다, 3: 자주 그렇다, 4: 매우 자주 그렇다, 5: 규칙적으로 (매일) 그렇다). 총점은 매길 필요가 없습니다. 단순히 중점을 둬야 할 부문을 파악하기 위한 것입니다.

_____ 직장, 학교, 사교 행사에 지각할까 봐 불안하다.

_____ 병원 약속에 늦거나 늦을까 봐 불안하다.

_____ 업무에 대한 시간 감각이 없거나 부족하다.

_____ 약속이나 기한을 지키는 것이 어렵다.

_____ 계획을 따르는 것이 어렵다.

_____ 할 일을 시작하는 것이 어렵다.

_____ 원래 하던 작업으로 돌아가는 것이 어렵다.

_____ 집안일이나 공과금 내기를 제때 하는 것이 어렵다.

_____ 계획과 약속을 생각하면 스트레스를 받거나 압박감을 느낀다.

_____ 수리공, 직장 동료 등 사람들에 대해 처음에는 낯을 가린다.

_____ 답 전화, 문자, 이메일, 기타 응답 커뮤니케이션이 어렵다.

_____ 계획이나 약속을 단계별로 구체화하고 실행하는 것이 어렵다.

_____ 계획이나 약속을 만드는 것에 대해 거부감이 있다.

_____ 완벽주의 때문에 미루기가 일쑤다.

_____ 다른 사람의 조언이나 비판을 받아들이는 것이 어렵다.

_____ 대응 전략을 잠시 활용하지만 곧 포기한다.

리스트가 정말 길죠! 앞서 본 실행 기능 리스트를 기억하시나요? 실행 기능은 거의 모든 과업에서 중요한 역할을 합니다. 자기 통제 또한 많은 에너지를 소모합니다. 특히 ADHD 성인의 경우 피로감을 유발합니다. ADHD 성인들이 피로감이 더 높다는 최근 연구 결과도 있습니다(Gun-tuku 외 2019; Rogers 외 2017; Young 2013).

인간의 뇌는 몸무게의 약 2%만을 차지하지만, 전체 칼로리의 20%를 소비하는데(Levitin 2014), 다음과 같은 행동에 에너지를 사용합니다.

- **충동 억제**: 유혹을 참는 것을 포함합니다.
- **사고와 계획**: "생각만 해도 피곤해."라는 말을 해 본 적 있나요?
- **선택과 결정**: 선택 피로 또는 결정 피로라고도 합니다.
- **작업 전환**: 멀티태스킹은 존재하지 않습니다. 모든 전환이 뇌를 소모합니다!
- **기타 정신적 작업**: 이 책을 읽는 것, 사회적 활동이 포함됩니다.

다양한 과업의 정신적 요구 수준을 인지 부하라고 하는데, 이는 신체적 피로를 유발합니다. 정신적 활동이 곧 신체적 활동이기 때문입니다. 예를 들어, 공상은 시간당 11칼로리, 독서는 42칼로리, 새로운 정보를 학습하면서 수업을 듣는 것은 시간당 65칼로리를 소모합니다(Levitin 2014). 또한 수면 부족, 질병, 스트레스 등의 요소도 자기 통제 배터리를 고갈시킬 수 있습니다. 이것이 자기 관리와 자기 연민(8장에서 다룹니다.)을 강조하는 이유입니다. 에너지를 보충하고 전반적인 웰빙을 유지하는 데 중요한 역할을 합니다.

이제 다시 ADHD는 무엇이며 이 책에서 찾는 대답과 어떤 관련이 있는지로 돌아가 봅시다.

첫째, 당신이 이 책을 찾게 된 이유는 ADHD 기저에 있는 실행 기능 어려움 때문일 것입니다. 실행 기능은 '하기로 마음먹은 과업을 수행하는 효율성'으로 요약될 수 있습니다(Goldstein & Naglieri 2014). 보고서 작성과 같이 아무리 단순해 보이는 목표도 일단 시작해야 하고 필요한 단계를 실행해야 달성할 수 있습니다. 작업을 시작하고 끈기 있게 수행하는 것, 사람을 대하는 것, 산만하지 않지만 필요한 휴식을 취하는 것, 여러 가지 다른 의무와 역할 간 전환 등은 당신이 필요로 하는 실행 기능입니다.

둘째, ADHD의 일관성 있는 비일관성은 당신의 실행 기능 기준이 움직이는 과녁이기 때문에 발생합니다. ADHD는 조직력 및 관리력의 만성적·지속적 어려움과 예측 불가능성으로 특징지을 수 있습니다. 따라서 이 기능은 대상에 따라 부침이 심합니다. 제 동료이자 ADHD 전문가인 토마스 브라운은 이를 ADHD의 근본적인 역설이라고 부릅니다. 어떤 상황에서는 일을 제법 잘한다는 소리를 듣는데 다른 상황에서는 어려움이 많습니다. 성과는 특별한 이유 없이 매일매일 달라집니다. 이러한 비일관성은 매우 불안정적이라 불안을 야기하고 계획에 방해가 됩니다.

　마지막으로 기억해야 할 것은 ADHD는 지식의 문제가 아니라 실행의 문제라는 것입니다(Ramsay & Rostain 2016). 당신의 좌절과 당황은 한편으로는 지식과 증명된 능력('예전에 이미 잘 했던 것이야.') 간에 연결이 깨어졌기 때문에 발생하고, 다른 한편으로는 실행 시 편차가 매우 크기 때문에('잘할 수 있는 걸 아는데 내가 실제로 할지를 믿을 수가 없어.') 발생합니다.

성찰하기

목표를 다시 한 번 성찰해 봅시다. 아래 칸에 자신이 할 수 있는 일과를 적어 봅시다. 잘할 수 있고 더 일관성 있게 했으면 하는 일을 포함하세요. 예를 들어, 하루 일과를 정시에 시작하시나요? 아니면 지각하시나요? 효과 있는 하루 일과 계획이 있나요? 아니면 계획을 따르는 것이 힘드나요? 집안일이나 운동 등 규칙적으로 하는 좋은 습관이 있나요?

ADHD와 연관된 모든 문제에 집중하다 보면 이런 생각이 들지도 모르겠습니다.

'도대체 이 책은 내 기분을 어떻게 낮게 하려는 거지?'

기분을 잡쳤다면 미안합니다. 그렇지만 ADHD는 자신감, 자존감, 효능감을 실제로 낮추기도 합니다. 따라서 ADHD의 영향을 인식하는 것이 이 과정의 첫 번째 단계입니다.

이 시점에서 변화에 대해 생각하면 약간의 스트레스를 받거나 불안감을 느낄 수도 있습니다. 불안은 ADHD 성인이 가장 흔하게 겪는 감정이므로 놀라운 것은 아닙니다. ADHD를 오랫동안 겪은 경우 일이나 목표를 만나게 되면 불안을 느끼기가 더 쉽습니다. 경기를 앞둔 선수나 워크북 연습을 하는 자신과 같이 약간의 불안은 좋은 것입니다. 할 일을 정확하게 하고 있다는 것을 알리는 신호이니까요. 아래에서는 불안과의 관계를 간단히 조망해 보겠습니다.

불안은 무엇인가?

불안은 불명확하고 발생 가능성이 낮지만 발생할 수 있는 위험에 대해 느끼는 미래 지향적이고 본능적인 감정으로서 정신적 걱정입니다. 보통 '만약에'(What if) 시나리오로 대표됩니다(Leahy 2005). 개인 재무 관리처럼 어려운 어떤 일을 해야 할 때 드는 감정이 그 예입니다.

불안은 불편함, 또는 경우에 따라 초조감으로 대변되는 부정적인 정신 상태를 가리킵니다. 긴장하거나 걱정이 있거나 겁이 날 때 드는 감정입니다. 여기서 저는 '불쾌감'과 '부정적'이란 단어를 대조적으로 사용하도록 하겠습니다. 왜냐하면 불안을 느낄 수 있는 능력은 좋은 것이기 때문입니다. 화상을 입으면 고통을 느끼게 되어 치료로 연결될 수 있기 때문입니다. 다른 예로, 목줄이 풀린 사나운 개에게 가까이 가게 되면 불안을 느낌으로써 잠재적인 위험을 판단할 수 있습니다. 한편, 적응형 저자극 스트레스는 동기부여책이 됩니다. 발표 전에 준비를 하고, 혼잡 시간을 피해 약속 장소에 도착하기 위해 일찍 일어난다든가, 건강 검진 약속을 잡는 것 등이 그 예입니다. 이러한 일들은 귀하의 웰빙에 도움이 되고 결국 전반적인 스트레스를 줄이는 결과로 이어집니다.

당신의 불안은 어떤가요? 어떤 감정을 느끼나요? 이러한 감정을 설명하기 위해 어떤 단어를 쓰시나요? 신체 어떤 부분에서 이런 감정을 느끼나요? 어떤 상황에서 걱정, 불안, 스트레스, 기타 불안한 감정을 느끼나요?

당신의 감정은 개인 경험, 즉 당신이 세상으로부터 배운 것들에 의해 좌우됩니다. 당신의 뇌와 감정은 과거 비슷한 경험을 기반으로 예측을 하게 됩니다. 이러한 예측은 당신의 의도에 대비한 현재 상황에 대한 감지를 통해 강화됩니다.

이것이 ADHD가 불안과 관계를 맺는 방법입니다. ADHD는 원래부터 예측이 불가능하기 때문에 과업, 노력, 역할에 있어서 불확실성, 심지어는 위험이라는 요소까지 대항해 싸워야 합니다. 물론 사나운 개처럼 육체적 위험이 있거나 죽고 사는 문제는 아닙니다. 배리는 불편함과 지루함 때문에 자신의 과업 계획 실행이 불확실하게 느껴져 위통을 느꼈습니다. 많은 학교 과제와 작문 숙제, 심지어 이메일 대응 같이 간단한 과업에도 스트레스 지수가 높아졌습니다. 불안으로 인해 과거 오랜 기간 노력했음에도 불구하고 좋은 점수를 받지 못했던 학교 과제와 월말 보고서가 떠올랐고, 심지어 더 열심히 했다면 잠재력을 발휘할 수 있었을 것이라는 여러 사람의 목소리도 생각났습니다. 이러한 기억은 점차 걱정과 결합되기 시작했습니다. 월말 보고서는 생각만 해도 불쾌해졌습니다. 배리의 이러한 반응은 과거를 기준으로 생각하면 이해가 가지만 현재의 작업 계획 완성이라는 목표에는 부합하지 않는 반응입니다.

다른 감정과 마찬가지로 불안이라는 신호는 약간의 암호 해독이 필요합니다. 현재 상황, 과거 이력, 자신의 의도에 비추어 최선의 방식으로 해석하고 처리하는 것이 포함됩니다. ADHD는 여기에 어려움을 한 겹 더합니다. 배리의 경우처럼 ADHD는 예측과 반사적 해석 전반에 영향을 미치기 때문입니다. 불안은 이 해석을 활용해 위험을 파악합니다.

예를 들어, 트렌트는 호감 가는 사람이지만 산만함과 건망증으로 인해 어렸을 때 사교적인 문제가 많았습니다. 약속, 저녁 식사 예약, 밴드 연습을 잊곤 했습니다. ADHD로 인한 이러한 문제는 성인이 되어서도 여전히 나타났는데, 불안은 실망과 거절에 대한 과도한 경계로 변했습니다. 그 결과 그는 사람과의 관계를 모두 끊고 가장 안전한 사람 몇몇으로 인간 관계를 좁혀 버렸습니다. 그는 자신이 좋은 인상을 주는 사람이라는 것도 믿지 못하게 되었고, 사람들의 실망을 피하기 위해 공손한 태도를 갖추게 되었습니다. 그 결과 안전만 추구하게 되었고 다른 사람들이 다가오는 것을 위험한 것으로 치부했습니다. 이 때문에 친구를 사귈 수 없게 되었습니다.

성찰하기

ADHD로 인한 불안 때문에 하려는 일을 제대로 하지 못했던 상황을 생각해 적어 보세요.

ADHD는 왜 스트레스와 불안을 야기하는가?

ADHD-불안 연결을 더 깊이 들여다봅시다. ADHD의 일관성 있는 비일관성에서 좌절스러운 부분은 좋아하거나 자신 있는 일을 할 때는 걱정이 없다는 것입니다. 예를 들어, 대면으로는 완벽한 상담사인데 요약 보고서만 생각하면 고통스럽습니다. 어렵지만 재미있는 수업에서는 A를 받지만 지루한 수업은 뒤처지거나 쉽게 포기합니다. 개인 운동 약속에는 늦지 않지만 아이들 선생님과 면담은 잊기 일쑤입니다. ADHD와 관련한 약점이 드러나는 상황에서는 불안, 걱정, 두려움, 스트레스와 같은 감정에 사로잡힐 수 있습니다. 과거에 이미 이 약점이 위험했던 경험을 한 적이 있기 때문입니다.

ADHD에 대응함에 있어 불안(을 포함한 다양한 감정)과의 관계를 바꾸는 방법은 그 신호의 주제를 해석하는 것입니다. 최근까지는 불안과 연관된 주제는 위협이나 위험의 인식이었습니다. 물론 지금도 이것은 유효합니다. 우리는 '불안'을 여러 단어와 교차해서 썼습니다만 지금부터는 두려움, 걱정, 스트레스와 같은 일반적인 어휘와 차별해 사용하도록 하겠습니다.

두려움은 즉각적인 위험을 직면했을 때(또는 위험으로 착각했을 때) 느끼는 현재적이고 본능적인 감정입니다. 예를 들어 거미(또는 진짜 같은 고무 거미)를 본다든가, 운전하다 급작스러운 사고를 겨우 모면하는 경우, 또는 지금, 여기서 발생하는 여러 사건 등을 접하며 느끼는 감정이 그것입니다. 반면, 불안은 미래 지향적입니다.

걱정은 '의심으로 인한 죽음'(Hallowell 1997)이라고도 하는데, 실제 삶에서 구체적인 사건에 대해 반추하는 것입니다. 중요한 시험을 보거나 직장 면접에 늦을 때 생기는 감정도 한 예입니다. 이메일을 쓰며 생각이 잘 정돈되었는지 생각하다 겨우 20단어짜리 메일에 한 시간을 쓰는 것은 이메일에 대해 걱정하는 것입니다.

스트레스는 불안을 관통해 흐르는 감정입니다. 스트레스는 외부의 요구 사항에 대응하는 것입니다. 예를 들면 과도한 업무에 시달렸는데 차까지 고장 나면 생기는 감정입니다. 승진이나 휴가 준비와 같이 긍정적인 요구 사항도 스트레스를 유발합니다. 수많은 업무를 조율할 때 느끼는 감정을 스트레스라고 부르기도 합니다. 친구들도 비슷한 스트레스를 토로하죠. 그런데 ADHD는 실행 기능 문제를 일으켜 어려움을 가중시킵니다. 예를 들어, 직장 업무와 가족과의 약속을 위해 조직력과 시간 관리 기술을 동원하지만 결과가 좋지 않을 때가 있습니다. 스트레스 강도의 차이는 사람들이 '강풍'에 대해 느끼는 것과 비슷합니다. ADHD가 없는 사람은 바람에 종이가 날아가는 걸 걱정하지만 ADHD가 있는 사람은 허리케인이 지붕을 날려 버리지 않을까 걱정합니다. 일반적으로 성인 ADHD-불안 연결은 과거의 ADHD와 관련한 좌절과 연결을 시키기 때문에 발생합니다.

성인 ADHD-불안 연결은 공포증 등의 정식 불안 진단이 있을 때만 문제가 되는 것은 아닙니다. 성인 ADHD-불안 연결에서 가장 일반적인 불안은 범불안장애(GAD)로서 일반인의 2~6%가 겪고 있습니다(Brown, O'Leary & Barlow 2001; Roemer, Eustis & Orsillo 2021). 범불안장애는 기본 불안이라고도 불리는데, 불안 성향과 유사합니다. 평소에 누가 내 신분을 도용하면 어떻게 하나 고민하는 것처럼 근거 없이 불안해하는 것이 그 예입니다. 이러한 감정은 ADHD를 장기적으로 겪으면서 발생하는 결과입니다. 범불안장애는 ADHD-불안 성인이 겪는 포괄적 진단명입니다. 다음 장에서 더 자세히 다루겠습니다.

ADHD와 불안은 내 삶에서 어떻게 결합하는가?

본 책 서문에서 여성이 성인 ADHD-불안 연결에 더 취약하다고 한 연구를 인용한 바 있습니다. 캐나다인을 대상으로 한 연구에서 ADHD와 범불안장애가 강한 연결성이 있음을 발견했습니다(Fuller-Thomson, Carrique & McNeil 2022). 이 연구에서 범불안장애가 있는 성인의 10% 이상이 ADHD 진단을 받았습니다. ADHD 성인들은 ADHD가 없는 성인보다 범불안장애가 있을 확률이 두 배 이상 높은 것으로 나타났는데, ADHD와 불안 연결은 이미 잘 확립된 상태이기 때문에(Barkely 2015; Chung 외 2019) 크게 놀라운 소식은 아닙니다.

스트레스 감정

ADHD와 직접적인 관련이 있는 범불안장애 특징은 바로 걱정입니다. 많은 사람들이 스트레스라 부르는 감정입니다. 다음은 ADHD와 겹치는 범불안장애의 증상입니다.

- 초조함. 뭔가를 해야 할 것 같고 걱정이 되면 안절부절못함.

- 집중 장애. 걱정스런 생각으로 인해 회의나 대화, 작업에 집중하지 못함.
- 수면 장애. 반추적인 걱정으로 인해 잠들기 어렵거나 마음을 진정하기 어려움.

불안과 함께 두통, 근육통, 고혈압과 같은 스트레스 반응을 동시에 느낄 수도 있습니다. 증상이 반복되면 과민성대장증후군과 같이 다른 건강 문제를 일으킬 수도 있습니다.

ADHD를 가지고 사는 것은 스트레스가 많습니다. 배리, 켈리, 수잔, 트렌트의 예에서 봤듯이, ADHD 진단을 받기 전에 불안이 이들의 경험에 얼마나 깊게 간섭하는지를 보았습니다. 당신도 이들과 비슷한 반응을 경험했을 수 있습니다. 왜냐하면 불안과 걱정은 과거의 경험에 비추어 지금 현재 발생하는 사건에 대해 느끼는 감정이기 때문입니다. 이러한 인식을 통해 목표를 위해 집중할 수 있는 법을 배울 수 있습니다. ADHD 성인은 계획을 수립하는 것 자체가 미래와 '만약에'라는 불안에 직면해 대응해 나가는 것을 의미합니다. 따라서 ADHD의 일관성 있는 비일관성은 계획에 불확실성을 더합니다. 계획을 세운다는 생각만으로도 스트레스와 저항감이 생깁니다. 이는 스스로 세운 계획을 이행할 수 없을 것이라는 실제적인 가능성 때문에 실현되지도 않은 실패에 대해 또 다른 걱정을 느낍니다.

이러한 불확실성에 대응하는 것은 특히 ADHD 성인의 범불안 치료에 있어 중요한 요소입니다(Dugas 외 1998). ADHD가 있으면 목표나 계획을 생각할 때마다 '만약에'의 불안이 엄습합니다.

불확실성 감정

직장에서 업무를 하거나 실적 심사를 받아야 할 때 스트레스를 느끼면 스스로를 다독이나요? 예를 들어 '금방 끝날 거야.'라고 하거나 좋은 점수를 받아야 할 이유를 상기시키시나요? 그럴 때 어떻게 느끼나요? 마음이 편해지나요? 아니면 '만약에'라는 가능성을 생각하나요?

'만약에 내가 생각했던 것보다 일이 훨씬 오래 걸리면 어떻게 하지?'
'나는 매번 지각하니까 만약에 상사가 좋은 점수를 주지 않으면 어떻게 하지? 그러다 나중에 해고당하는 건 아닐까?'

최악의 상황에 대한 생각에 사로잡혀 스트레스를 너무 많이 받아서 일도 못하고 밤새 뒤척이고 있지는 않습니까?
'불확실성', 정확하게는 '불확실성에 대한 참을성 부족', 즉 삶에서 해결이 불가능하지만 완전히 없앨 수도 없는 위험과 씨름하는 것이 불안과 불편감, 수면장애, 스트레스와 같은 증상을 유발합니다(Dugas 외 1998). 100% 명확하지 않은 상황과 결정과 씨름해야 한다면 자신의 의견과 결정에 의문을 품고 마비되는 느낌을 받을 수도 있습니다. 예상치 못한 변화에 대응이 쉽지 않아서 계획을 수정하는 대신 아예 통째로 포기해 버리기도 합니다. 빠진 약속을 다시 잡는 대신 아예 포기해 버리는 것처럼 말이지요. 다른 사람들보다 계획을 변경하는 것이 더 어렵게 느껴지기도 합니다.
성인 ADHD의 실행 기능 부족과 불확실성에 대한 참을성 부족을 비교해 봅시다. 전술했듯이 ADHD는 가치 있는 목표와 노력(해야 할 일과 하고 싶은 일)을 조직하고 지속적으로 관리함에 있어 일관성 있게 일관성이 부족하고, 가사, 업무 프로젝트, 사교 모임, 취미 등의 활동에 어려움을 겪습니다. 가사, 업무, 운동, 양육 등 성인으로서의 책임과 목표는 지속적인 관리와 불확실성에 대한 대응이 필요한데, 이를 위해서는 지속적인 노력과 자신의 능력에 대한 신뢰가 있어야 합니다. 장기 목표를 꾸준히 추진할 수 있어야 하고, 이를 위해 할 일과 이에 따르는 불확실성을 관리해야 하는데, 이때 ADHD와 불안이 공모해 문제를 일으킵니다.

성찰하기

불안으로 나타난 불확실성에 대한 참을성 부족과 ADHD 때문에 느끼는 불확실성 또는 예측 불가능성을 모두 생각해 봅시다. 이 중 공감 가는 예시는 어떤 것이 있나요?

제가 ADHD는 꾸준한 조직력의 어려움이라고 설명하니까 제 의뢰인이 이렇게 말했습니다.

"아, 그래서 그랬군요. 제 상사는 항상 10분 만에 뭘 해 오라 하면 제가 5분 만에 대령하지만 2주 안에 해 오라면 한 달이 걸린다 하더라고요."

바로 즉시 필요한 일은 명확하게 느끼고 집중해 즉시 대응할 수 있습니다. 폭탄 해체처럼 말이지요. 그런데 2주는 여지가 많습니다. 프로젝트를 끝내야 하지만 바로 끝낼 필요는 없습니다. 결승점이 저 멀리 있는데 그 앞에 샛길도 있는 것이죠. ADHD 자체가 불확실성을 만들어 냅니다.

성인 ADHD-불안 연결을 활용하면 ADHD로 인한 어려움이 불안과 어떻게 연결되고 불안이 증상을 어떻게 증폭하는지를 쉽게 이해할 수 있습니다. 지금부터는 ADHD-불안 연결의 비일관성에 대해 설명하고 이 책의 중요한 한 부분인 '회피'에 대해 알아보도록 하겠습니다.

ADHD의 비일관성

한 초기 연구는 성인 ADHD-불안 연결에서 불확실성에 대한 참을성 부족이 작용하고 있음을 파악했습니다(Lokuge 외 2023). ADHD는 불확실성과 비일관성을 유발합니다. 저에게 많은 의뢰인이 이렇게 얘기합니다.

"내가 뭘 해야 하는지 알고, 그걸 할 수 있다는 것도 알아요. 그런데 때가 되면 내가 할 거란 믿음이 들지 않아요."

이러한 불신(Ramsay 2020)은 최선을 다했음에도 불구하고 실패하거나 다른 사람을 실망시킨 수많은 경험에서 발생합니다. 제 동료는

ADHD 성인은 다른 사람보다 네 배 이상 노력하는데도 이런 경험을 했다고 설명합니다. 게다가 이러한 좌절은 일회성이 아니고 자주 나타나므로 매번 안절부절못합니다. ADHD가 계획을 망치면 '또 시작이네.'라고 생각합니다. 일을 미루거나 잊어버리는데 재발률이 100%입니다. 여기서 해야 하는 질문은 이런 일이 생기면 어떻게 관리할 것인가입니다.

이 책에서는 스트레스와 불안을 줄이는 데 필요한 전략과 기술을 제공할 것입니다. 이를 활용해 본인의 의도를 잘 반영해 상황에 더 잘 대응함으로써 성공률을 높일 수 있습니다. 넓게 보면 스트레스와 불확실성에 대한 인내심을 높이고 목표 달성을 위해 기술을 사용하며, 주체성, 자기 효능감, 자기 신뢰를 구축하는 능력을 강화할 수 있을 것입니다.

혹시 오해가 있을 것에 대비해 설명드립니다. 이어지는 장의 핵심은 앞으로 해야 할 일을 끝내는 것, 즉, 실행 초점입니다. 이 접근방법은 당신이 기계가 되어 뭐든 깔끔하게 실행해야 한다는 것이 아닙니다. ADHD의 사악한 일면 중 하나가 이것이 주체성, 효능감, 목표 실현을 방해한다는 것입니다. 이 책에서 제시하는 전략과 기술의 목적은 자신의 정체성, 자기 표현, 웰빙을 구축하고 지속할 수 있도록 하는 것입니다.

ADHD와 실행 능력은 모 아니면 도의 명제가 아닙니다. 어떤 상황에서는 자기 일을 잘합니다. 즉 어떤 때는 최고로 생산적이고 집중도 잘하다가 또 어떤 때는 계획과 노력이 모두 물거품이 되고 실망으로 이어지기도 합니다. 어떤 날은 정말 잘 되다가 어떤 날은 "어제는 잘했는데 오늘은 왜 이래?" 또는 "잘할 수 있는 거 아는데 오늘은 잘 안 하기로 했나 봐."라는 말을 듣기도 합니다. 이런 말을 스스로에게 하기도 합니다. 당신의 기술과 강점이 갑자기 적으로 돌아서서 당신을 비판하기 시작한다는 느낌이 듭니다.

성찰하기

잘할 수 있는 일이었는데 ADHD 때문에 망친 상황을 생각해 봅시다. 사람들이 칭찬하지만 정작 나는 '사실 나는 엉망인데.'라고 생각하는 경험도 괜찮습니다. 내가 가짜라고 생각되는 경험도 좋습니다.

ADHD와 불안의 비일관성의 문제는 망치는 날의 경험이 어려움, 실패, 비난, 다른 상처와 연결이 된다는 것입니다. 당연하게도 그 다음부터는 노력이 오히려 불안을 야기하게 됩니다. 불안이 자기 보호를 시작합니다. 그냥 두면 노력에도 불구하고 ADHD와 연결된 불안이 회피라는 탈출구를 찾게 됩니다. 이에 대해 좀 더 상세히 알아보도록 합시다.

회피

회피는 불안감을 유발하는 상황에 대한 일반적인 반응이며, ADHD 성인들의 주요 반응이기도 합니다(Bodalski, Knouse & Kovalev 2019). 대부분 부적응적 반응으로, ADHD와 불안을 결합하는 요소입니다. 허리케인 대피 경고를 준수하는 것과 같은 건강한 회피-도피의 예도 많습니다만, 여기서는 도움이 되지 않는 부적응적 회피-도피에 초점을 맞춥니다. 예를 들어, 일을 미루면 안 되는 걸 알면서도 미룬 경험이 있을 것입니다. 이로 인한 스트레스와 결과가 닥쳤을 때 자신에게 '난 왜 항상 이러지?'하고 자책했을 가능성이 큽니다.

그 이유는 다음과 같습니다. 논리적인 뇌는 나중에 대가를 치를 것을 알지만 불안을 유발하는 요소를 회피하거나 없애 버리면 즉시 느끼게 되는 신체적 안도감은 저항하기 힘듭니다. 회피-도피를 하기로 결정하는 즉시 안도감을 얻는데, 이 안도감은 최소한 지금은 기분이 좋습니다. 그로 인한 대가는 나중에 치러야 하겠지만 지금은 유예를 받은 것입니다. 인식된 위험으로부터 오는 불편을 제거하면서 나오는 이 부적응적 패턴은 불안 사례에서 회피의 전형적 유형입니다(Rosqvist 2005). 이 때문에 불편감이나 '아, 싫어.' 감정을 견디는 능력이 성인 ADHD-불안 연결 관리에 있어 가장 중요한 정서적 기술입니다(Ramsay, 2020).

상기한 회피는 부정적 강화 효과를 나타냅니다. 부정적 강화란 싫거나 귀찮은 것을 제거해 특정 행동을 다시 할 가능성을 높이는 것입니다. 예를 들어, 비 오는 날 우산을 사용해 비에 젖지 않도록 하는 것은 유익한 부정적 강화의 예입니다. 반면, 지루한 작업이 주는 불편함을 회피해 얻는 정서적 안도감은 부적응적 패턴을 늘려 더 많은 미루기와 회피를 유발하는 부정적 강화입니다. 반면, 긍정적 강화는 행동을 반복할 가능성을 높이는 장려책으로, 좋아하는 페이스트리를 사기 위해 빵집 문을 여는 시간에 맞춰 일찍 일어나는 것과 같습니다. (참고로 부정적 강화는 처벌이 아닙니다. 처벌은 행동을 줄이기 위한 것으로 속도위반 딱지가 그 예입니다.)

미루던 일을 마침내 수행하게 될 때, 예를 들어 배리가 나중에 업무 보고서를 작성하며 생각한 것처럼, '그렇게 나쁘지 않네. 왜 이렇게 오래 걸렸지?'라고 생각할 수 있습니다. 그렇지 않은 경우에는 ADHD의 세금이라고 알려진 비용을 치르게 됩니다. 예를 들어 신용카드 연체 수수료와 같은 금전적 비용을 치르기도 하고, 업무 프로젝트를 늦게 제출하는 경우에는 실적 평가에 영향을 미칩니다. 보고서가 훌륭하더라도 지각 제출로 인해 상사의 신뢰가 떨어질 수 있습니다. 그러나 이러한 대가는 ADHD 성인들이 현재의 회피-도피 행동을 누를 만큼 강력하지 않습니다. 이 때문에 4장과 5장에서 다룰 시간 관리와 미루기 방지 기술이 필요합니다.

불확실성이 ADHD와 불안을 연결한다면, 회피-도피는 그 관계를 굳건히 합니다. 미루기로 인한 추가 시간과 노력, 기타 비용을 겪는 것은 주로 자신입니다. 늦은 밤 보고서를 작성하거나 신용카드 연체 수수료를 지불하게 됩니다. 그렇지만 이러한 행동은 종종 다른 사람들에게도 영향을 미칩니다. 자녀의 현장 체험 동의서에 서명하지 않아 자녀가 현장 체험을 가지 못하거나, 당신으로 인해 팀의 일정이 지연되기도 합니다. 반복적으로 일을 미루면서도 마음에 담아두다가 결국엔 압박 속에서 하게 되면 지루하고 피곤합니다. 일을 하지 않으면서 생기는 인지적 부담도 피곤합니다. 거기에다 당신이 하고 싶은 일을 하는 데 드는 시간과 에너지를 빼앗기기까지 합니다.

회피-도피는 ADHD 성인에게 가장 큰 문제로 인식됩니다(Bodalski, Knouse & Kovalev 2019). 회피와 ADHD 불안 연결과의 관계에 대한 또 다른 예를 살펴봅시다.

성인 ADHD-불안 연결은 어떤 모습일까?

ADHD 성인들이 주로 묘사하는 불안의 형태는 전형적인 공황발작과는 다릅니다. 해야 하지만 흥미롭지 않은 일을 해야 할 때 약간의 불안, 걱정, 지루한 예감과 같이 가라앉는 감정을 느끼게 되는데, 이것이 불안 신호입니다. 이러한 감정은 불편과 싫음의 또 다른 형태입니다. ADHD와 함께 겪는 불안은 약간의 혐오, 거부감이 함께 느껴집니다. ADHD를 식중독으로 묘사한 예와 유사합니다. 이 책에서는 이러한 불편감을 인식하고 정상화해 관리하는 방법을 알려드립니다.

다음은 ADHD-불안 연결이 구현되는 다양한 형태입니다. 이 예를 통해 자신의 불안 반응을 인식할 수 있을 것입니다.

압도적 불안

'압도'라는 단어는 '압도적 죄책감'과 같이 큰 감정을 가리키는 데 일반적으로 사용되지만, 많은 ADHD 성인들은 이 단어를 '압도되는 느낌'과 같이 지속적인 걱정을 묘사하는 데 사용합니다. '압도적 불안'은 해야 하거나 하고 싶은 과업을 접할 때 느끼는 감정을 설명하는 것으로 보입니다. 과업은 각각의 걱정과 불확실성과 함께 오지만, 전체로 느껴지는 감정은 각각의 합보다 훨씬 벅차게 느껴집니다.

과업을 작은 조각으로 나누라는 조언을 들어본 적이 있을 것입니다. 좋은 조언입니다. '사건 세분화'라고 불리는 이 작업은 단계의 순서화를 거칩니다. 이는 실행 기능입니다(Levitin 2014). 과업을 나누고 순서를 정하는 것을 생각하다 보면 해야 할 일에 압도되고 얼어붙어서 회피하고 싶어질 것입니다. 이때가 바로 책에서 배운 기술을 적용하는 지점입니다.

수행 불안

ADHD 친화적인 할 일 목록을 작성하는 경우라도 약간의 걱정이 생기기 마련이고, 그러면 목록에 있는 과업을 회피하고 다른 일을 찾게 됩니다. '사무실 정리하기'와 같이 범위가 너무 넓고 모호하고 구체적이지 않을 때 특히 더 그렇습니다. 물론 자신이 그 일을 할 수 있다는 걸 압니다. 그렇지만 일 자체가 너무 벅차게 느껴질 것입니다. 그렇기 때문에 다른 걸 하려고 합니다. 이상하게 들릴지 모르겠지만 갑자기 설거지와 같은 집안일을 하고 싶어지는데, 이를 통해 자신이 생산성이 있다는 것을 확인하려고 합니다. 물론 사무실 정리 같이 스트레스를 주는 일보다는 좀 더 하기 편한 일을 고른 것이겠지요. 이 책에서는 설거지와 같이 회피성 작업의 특징을 활용해 우선순위 작업을 완료하고 실행 불안을 극복하는 방법을 배우게 될 것입니다.

계획 불안

아예 계획을 세우지 않는 것은 ADHD의 실행 불안을 피하기 위한 선제적 대응입니다. 계획이나 기대가 있으면 이를 실행할 능력에 대한 스트레스와 의심이 생길 수 있습니다. 이것은 압도적 불안의 한 측면일 수 있는데, 이 때문에 아예 계획을 세우지 않게 됩니다. 계획 불안과 그로 인한 다른 작업을 통한 회피는 단기적으로는 스트레스를 완화하지만, 장기적으로는 뒤처지고 비생산적이라는 느낌을 갖게 됩니다.

물론 당신은 "제약 없이 일하는 것이 나한테 더 잘 맞아요."라고 할지도 모르겠습니다. 그게 효과가 있다면 괜찮습니다. 하지만 계획 없이 일을 하다 보면 작고 즉각적인 보상이 있는 과업을 선택하게 되어 더 크거나 나중에 보상이 있는 과업은 하지 않게 됩니다. 예를 들어, 간단한 심부름은 하지만 업무 프로젝트를 시작하거나 그림을 그리기 위해 이젤을 세우지는 않습니다. 마음 한곳에서는 보고서를 작성하고 그림을 그리고 싶어하지만 이를 계획하는 것은 단기적으로 더 스트레스가 되고 결과가 부족할 것이라는 걱정을 포함할 가능성이 큽니다.

건망증 불안

건망증 불안은 잊으면 안 되는 것에 집착하는 것입니다. 계속 정신적인 '새로고침' 버튼을 눌러서 기억의 최전선에 두려고 합니다. 안타깝지만 이러한 '새로고침'은 인지적 부하라는 정신적 공간과 에너지를 쓰게 되어 다른 작업을 할 수 있는 집중력과 에너지를 빼앗습니다. 잠자기도 힘들어질 수도 있습니다(Levitin 2014).

이 불안의 다른 특징은 실제로 잊은 것이 없음에도 중요한 것을 잊고 지나친 건 아닌가 하고 늘 불편해한다는 것입니다. 학생이라면 잊어버리고 빼먹은 과제 때문에 낮은 점수를 받을 수 있습니다. 약속을 잊고 있다가 알림을 받고 나서야 그 약속이 기억날 수도 있습니다. 이러한 건망증 불안은 모든 것을 잘하고 있는 경우에도 괜히 신경이 쓰입니다. 모든 것을 잘 관리하고 있다는 만족스러운 감정은 예전에 그런 감정이 있었는데도 사실은 잘못하고 있었음을 알게 된 과거 경험과 연결이 되기도 합니다. 계획이나 해야 할 일을 적어 두는 행위를 고급지게 부르는 말인 '정보의 외재화'를 통하면 정신적 공간과 에너지를 아낄 수 있으므로 실행 가능성을 높입니다. 플래너를 활용하면 이미 완료한 과업도 기록을 남길 수 있습니다. 이런 방법은 자신의 성취를 문서화할 수 있는 좋은 방법이기도 합니다.

사회적 거절 불안

ADHD와 동반해 경험하는 사회적 거절 불안은 사회 불안 장애와는 다릅니다. 트렌트가 다른 사람이 실망하거나 비판할까 봐 경계하는 것과 비슷합니다. 많은 ADHD 성인이 실제로 잘 하고 있더라도 자신이 말실수는 하지 않는지, 지각하지는 않는지, 다른 사람한테 밀리는 건 아닌지 등과 같이 인간의 기본적 걱정에 민감합니다(Wright 1994). 그리고 이 걱정은 특히 ADHD 성인들에게 더 심각하게 다가옵니다(Beaton, Sirois & Milne 2020).

ADHD로 인한 좌절감 중 일부는 자신에 한정됩니다. 뒤늦게 시작한 보고서를 끝내기 위해 병가를 내는 경우가 그 예입니다. 그러나 자동차 열쇠를 못 찾아서 배우자와의 만남에 늦는 등 다른 사람들이 당신의 ADHD로 인한 결과를 목격하거나 대가를 치르기도 합니다. 이 경우 이들은 당신이 원치 않는 조언을 하려 할 것이고, 이는 당신의 좌절감을 키울 뿐입니다. 중요한 문제에서 이러한 어려움이 반복되면 관계를 악화시켜 친구와 절교를 하거나, 친구들이 서서히 당신과 연락을 끊거나 메시지에 답을 하지 않게 될 수도 있습니다. 비판이나 상처 주는 놀림을 당할 수도 있습니다. 당신의 노력을 알기는커녕 오히려 신경을 안 쓴다는 오해를 받을 수도 있습니다.

성찰하기

위의 불안 중 나에게 해당하는 불안이 있습니까? 다른 불안 종류가 있습니까? 불안이나 싫은 감정을 일으키는 일, 책임, 역할, 관계를 구체적으로 적어 보세요.

정리

이 모든 내용을 한번에 소화하기는 어렵습니다. 성인 ADHD-불안 프레임워크를 간단히 요약하면, 다양한 형태의 불안은 ADHD의 불확실성을 다룰 때 느끼는 불편함이나 위험 신호로 묶을 수 있습니다. 성인 ADHD를 위한 인지행동치료(CBT)의 장점은 유연성이 있어 실행 기능 대처 전략 구현 측면에서 여러분의 필요에 맞게 조정할 수 있다는 점입니다. 아울러, 이 실행 중심 CBT는 불안을 치료하는 전략을 포함합니다(Rosqvist 2005).

이러한 전략 중 하나인 노출 치료는 두려움에 단계적으로 직면하도록 합니다. 각 단계는 불안 반응을 없애고, 일반적으로 회피하는 상황에 직면할 수 있는 능력을 키우도록 설계되었습니다. 목표는 불안 반응이 덜 활성화되도록 할 뿐 아니라, 불안으로 인한 불편감을 받아들이고, 불안으로 인해 무너지지 않도록 하는 것입니다. ADHD는 시간 관리, 미루기, 조직화의 어려움 같은 실행 기능의 문제를 유발합니다. 이러한 어려움에 불안이 붙어 있어서 어려움이 가중됩니다. 이 책에서 다루는 ADHD 대응의 핵심은 의도의 실행에 있습니다. 이를 위해서는 평소에 회피하거나 미루는 것에 노출되고 대처해 보아야 합니다. 따라서 CBT를 활용해 시간 관리와 미루지 방지 기술을 연마함으로써 불안감을 줄이거나 최소한 더 쉽게 받아들일 수 있게 됩니다. 실제로 ADHD와 불안으로 인해 ADHD 약을 처방받은 성인들이 불안약 처방 없이도 불안이 나아졌다는 보고가 있습니다.

이제 성인 ADHD-불안 연결에 대응하는 방법을 다루도록 하겠습니다. 다음 장에서는 ADHD 성인용 CBT를 활용해 이 연결을 관리하는 틀을 설명합니다.

제 2 장

인지행동치료(CBT)의 장점

- 나는 내가 해야 하는 일을 알고 있지만 안 할 뿐이다.
- 나는 계획을 잘 세우지만 실행하지는 않는다.
- 플래너는 작심삼일이다.
- 프로젝트를 시작은 하지만 끝내지 않는다.
- 하고 싶은 일이 있지만 엄두가 안 나서 시작도 하지 않는다.
- 다른 사람들은 정리 못하는 내가 질린다고 한다.

이 중 자신에게 해당하는 것이 있나요? 위 내용은 제게 도움을 청하는 ADHD 성인들이 가장 많이 하는 말입니다. 변화를 원하지만 지속이 쉽지 않습니다.

이 장에서는 ADHD로 인해 반복되는 좌절감과 실행 방해 요인을 해결하기 위한 인지행동치료(CBT) 기반 전략을 설명하겠습니다.

CBT는 무엇이며 어떻게 도움이 되는가?

인지행동치료(Cognitive Behavioral Therapy: CBT)는 원래 우울증 치료를 위해 등장한 심리치료의 한 형태였으나(A. T. Beck 1967) 곧 불안 치료의 주된 방법으로 자리 잡았습니다(Beck, Emery & Greenberg 1985). CBT는 사고, 신념 및 기타 인지의 역할을 강조하며, 사고의 관찰과 변화가 우리 경험을 형성하는 감정, 행동 및 관점을 변화시키는 데 어떻게 도움이 되는지를 이해합니다. 우울증과 불안을 겪는 사람들에게 특히 도움이 되는 치료법입니다.

CBT를 활용하면 특정 상황에서 불안이 과하게 작용할 때 나타나는 감정적 대응을 이해할 수 있게 됩니다. 미루다가 끝나버린 프로젝트에 놀란 적이 있나요? 약속으로 가득 찬 하루임에도 스트레스 때문에 정작 해야 할 일은 안 하고 다른 일을 한 적이 있나요? 그런 날에는 더더욱 뒤처지고 스트레스 쌓인다고 느끼나요? 이러한 불안 반응은 예상되는 상황에 대한 반사적인 해석에 기인하는 자동적 사고라고 합니다. '아, 싫어.'라는 이 반응은 프로젝트는 할 기분이 들어야 한다는 생각이 있어서 자신이 기분이 좋지 않다면 기분이 좋아질 때까지 작업을 미루는 것이 정당하다는 무언의 조건적인 생각에서 비롯된 것일 수 있습니다. 이에 대한 대응은 너무나도 간단합니다. 생각을 바꾸어 일을 처리하면 됩니다. 물론 이러한 생각의 영향력을 포착하고 인식하기까지는 연습이 필요하고, 새로운 관점을 형성하기까지는 더 많은 노력이 필요합니다.

CBT는 유용하지 않은 생각을 처리합니다

CBT의 원칙은 자동 사고는 왜곡되기 쉽다는 것입니다. 인지 왜곡은 망상이 아니라 상황에 대해 도움이 되지 않는 인상을 가지는 것을 가리킵니다. 이러한 인상은 도움이 되지 않는 생각입니다. ADHD 성인 대부분은 ADHD로 인한 좌절 경험 때문에 습관적으로 부정적인 기대를 하고 자신에 대해 부정적입니다. 예를 들면, 과업 전에 반드시 과업을 할 기분이 들어야 한다는 사고는 과업 전에 자신의 감정적 상태가 '모 아니면 도'여야 한다는 사고입니다. 현실적인 대안이 있습니다. 예를 들어 '일이 좋아서 하는 사람은 없어. 시작하다 보면 기분이 나아질 거야.'라고 생각하는 것이지요.

불안에서 인지 왜곡은 나쁜 일이 일어날 수 있다는 위험을 과대평가하는 것입니다. 예를 들면, 너무 바쁘면 감당이 안 된다는 생각을 하다 보니 스트레스가 덜 쌓이는 일을 하는 데 그칩니다. 이 경우 정작 우선순위 작업은 진도를 못 나가기 때문에 나중에는 스트레스가 더 쌓이게 됩니다. CBT의 인지치료를 통하면 도움이 되지 않는 생각을 겨냥해 도움이 되는 마인드를 만들 수 있게 됩니다.

우리가 나중에 연습하게 될 인지 조정 기술을 활용하면 자신의 생각을 포착하고 평가해 자신의 상황과 대안을 충분히 이해한 상태에서 결정을 내릴 수 있게 됩니다. 인지적 유연성을 갖게 되면 선제적 대응이 가능하므로 의도를 행동으로 옮길 수 있도록 자신의 주체성을 더욱 효과적으로 발휘할 수 있게 됩니다. 예를 들면, 바쁜 하루를 예상하면 구체적인 작업에 대해 구체적인 실행 계획을 세우고 현실적인 기대치를 수립할 수 있게 됩니다. 여기에는 모든 작업을 하루에 하지 않아도 여전히 생산적일 수 있음을 인식하는 것도 포함됩니다.

궁극적으로 스트레스와 불안에 자신을 노출함으로써 자신을 더 잘 관리할 수 있게 됩니다. 인지적 변화는 자신의 생각을 시험하고 수정하는 의지를 포함합니다. 예를 들면 현실적인 하루 계획을 세우고 평가하되 이를 여러 번 되풀이하는 것입니다. 사실 동일한 상황에 여러 번 노출해 보면 나쁜 일이 벌어지지도 않고, 걱정했던 것보다 수월하다는 것을 깨달으면서 점차 불안을 지루하게 받아들이게 됩니다. 마치 무서운 영화를 너무 많이 봐서 처음만큼 겁이 안 나게 되는 것과 같습니다(Leahy 2005). 현실성 있는 기대를 가지고 계획을 잘 세우고 실행하는 연습을 하게 되면 결과의 생산성은 높이고 스트레스는 줄일 수 있습니다. 매일이 생산성이 다르겠지만 여전히 생산성이 있다는 일관성을 느끼게 됩니다. 이것이 바로 진전입니다. 이러한 행동 결과물은 사고도 바꿀 수 있습니다. 이제 CBT 기술이 여기서 어떻게 도움이 될 수 있는지 살펴봅시다.

CBT는 나의 대응력을 어떻게 높일 수 있는가?

분명히 알아야 하는 것이 있습니다. 생각만으로 ADHD에 걸리는 것이 아니라는 점입니다. CBT가 성인 ADHD에서의 인지를 포함해 인지 역할의 중요성을 강조하지만, 그렇다고 해서 생각이 모든 것을 유발한다는 뜻은 아닙니다.

CBT의 ADHD 개념화는 ADHD를 가지고 성장하게 되면 어릴 때부터 경험에 영향을 준다는 전제에서 출발합니다. ADHD 진단을 받게 되면 성인이 되어서도 약간의 어려움을 경험하게 됩니다. ADHD가 없는 사람들보다 일을 조직하는 데 더 많은 스트레스와 어려움을 겪습니다. 자신에 대해 더 불편하게 느끼고 자신을 위한 시간을 할애하지 않게 됩니다. 극단적인 경우 후속조치가 잘 되지 않기 때문에 직장을 잃거나 학교를 중퇴하거나 인간 관계가 힘들고 금전적인 문제에 휘말리기도 합니다.

이러한 요인 모두가 생각, 태도, 신념이라는 형태로 자신의 감정, 환경, 미래에 영향을 미칩니다. 이러한 인식은 자신의 관점과 행동을 형성합니다. 평생 동안 겪어온 ADHD 문제와 다양한 역할 및 관계에서 겪는 일관성 있는 비일관성으로 인해 불안과 산만, 미루기, 온갖 종류의 회피를 자동적 반응으로 장착하게 됩니다. 그러다 보니 좌절을 경험하거나 후속조치가 잘 되지 않거나 일관성이 부족해 계획을 포기하게 되어 이를 재개하거나 새로운 목표와 꿈을 좇는 데 소극적이 됩니다(Ramsay 2020; Ramsay & Rostain 2015a; 2015b; 2016).

이렇게 불안과 회피-도피 악순환이 만들어집니다. 이제 당신은 이 악순환을 깨는 방법을 배우게 될 것입니다. 이 책의 기술과 전략을 통해 ADHD에 효과적인 전략을 수행할 수 있게 될 것입니다. 회피-도피 대신 스트레스와 불안을 대면하고 줄임으로써 자신에 대해 믿음을 갖게 될 것입니다.

CBT의 작용 원리에 대해 이해하기 위해 CBT의 다섯 가지 대응 기술 영역을 알려드리겠습니다(Ramsay 2020).

• 인지

- 행동
- 감정
- 실행
- 대인

위의 기술 영역은 겹치기도 하고 함께 작용해서 도움을 줍니다. 예를 들어 스트레스에 대한 생각을 바꾸는 것은 매일매일 계획을 세우고 실행하는 데 영향을 줍니다. 계획을 실행하는 것은 스트레스를 줄이고 자신의 능력에 대한 자신감을 높입니다. 이러한 분류는 자신이 사용할 수 있는 기술 메뉴 역할도 합니다. 오늘 이 기술이 잘 안 되면 다른 기술을 쓰면 됩니다.

이 CBT 영역 각각은 다른 영역과 동시에 사용할 수 있습니다. 이 CBT는 ADHD와 불안을 목표 대상으로 합니다. 당신이 겪을 수 있는 여러 가지 부정적인 생각, 좌절과 짜증, 회피, 비관주의에 대응할 수 있게 되므로 포기하는 대신 원래 계획으로 차근차근 돌아갈 수 있게 됩니다.

인지 영역

인지 영역은 CBT의 전형적 기술 영역으로, 생각을 포착하고 평가하는 것을 의미합니다. 사람들은 대체로 스스로 일을 시작하고 끝내는 능력에 대한 믿음이 약합니다. 그런데 ADHD는 이러한 의심을 더욱 개인적인 것으로 만듭니다. 예를 들면, '나 이거 할 수는 있는데 끝낼 수 있을까? 나를 믿을 수 없어.'라고 생각하게 됩니다. 이 책을 통해 연습을 하고 기술을 생활에 적용하게 되면 기대와 후속 행동도 바뀌게 되므로 자신에 대한 믿음과 자기 효능감을 더 크게 느낄 수 있게 됩니다. 이러한 것들이 주요 인지 목표입니다. 자신에 대한 신뢰는 일이나 사람들을 대할 때 '충분하다.'는 마음가짐을 가지게 됨으로써 강해집니다. 이러한 '충분하다.'는 마음가짐은 자신의 상태나 기분이 항상 최상은 아닐지라도 충분히 좋고, 자신이 불안에 맞서는 것을 포함해 합리적인 목표를 완수할 수 있을 만큼의 집중력을 가지고 있다는 것을 의미합니다.

▪ 완벽주의

완벽주의는 왜곡된 사고는 아니지만 '모 아니면 도'라는 사고방식으로 나타납니다. '내가 완벽하지 않다면 실패한 거야.'라는 생각이 그 예입니다. 완벽주의는 우리 팀 연구에 따르면 ADHD에 의한 왜곡의 가장 대표적 예입니다(Strohmeier 외 2016). 제 연구에 따르면 ADHD 성인들이 전반적으로 완벽주의를 갖고 있는 것으로 관찰되었습니다. 예를 들어 '일을 하려면 기분과 상황이 맞아야 해. 그렇지 않으면 일을 시작할 수 없어.'라고 생각하는 경우 완벽주의가 있는 것입니다. ADHD 성인의 경우 자신의 '미루기'를 합리화하기 위해 이런 생각을 자주 합니다. 이런 측면에서 완벽주의는 감정 조절 노력의 일환입니다. '이 일을 완벽하게 완수할 수 있다면 덜 힘들 거야.'라고 생각하는 완벽주의는 비현실적인 기대로서 그 자체가 불안을 조성하고 일반적으로 회피-도피를 불러일으킵니다. 완벽주의는 5장에서 더 자세히 다룹니다.

■ 모 아니면 도 사고방식

모 아니면 도 사고방식은 회색이 없는 흑백 사고방식입니다. ADHD 성인들은 일반적으로 단 한 번의 실패를 두고 대응 툴이 효과가 없다고 판단합니다. 즉, '내가 할 일 목록을 제자리에 두지 않았기 때문에 이 목록이 나한텐 무용지물이야.'라고 생각하지 내 상황에 맞게 조정해 볼 생각은 하지 않습니다. 일이 잘 안 풀리는 경우라도 항상 합리적이고 도움이 되는 중간지대의 마음가짐이 있게 마련입니다.

■ 감정적 추론

어떤 일을 자신의 감정에만 의존해서 예측하는 경우 감정적 추론으로 인한 왜곡이 발생합니다. '느낌이 안 좋아. 그래서 나 이거 안 할 거야.'라고 생각할 수 있습니다. 이는 '하고 싶은 기분이 들어야 하지.'와 유사합니다. 감정적 추론은 '나는 실패자 같아. 바보야. 모두의 실망거리.'라고 자기 비하를 할 때에도 나타납니다. 왜곡된 생각을 재평가하는 방법 중 하나가 이러한 생각이 자신의 감정과 어떻게 연결이 되는지를 생각해 보는 것입니다. 이를 통해 사고방식을 바꾸고 감정을 적절히 추스를 수 있게 됩니다.

■ 확대/축소 왜곡

확대 왜곡은 불안으로 인해 일을 과장해 인식하는 것입니다. '이건 최악이야.'라고 생각하는 것이 한 예입니다. 반면 축소 왜곡은 자신의 기술과 대처 능력을 과소평가하는 것으로, '난 이걸 감당할 수 없어.'라고 생각하는 것이 그 예입니다. 하기 싫은 과업을 맞이할 때 가능한 모든 부정적인 측면을 과장해 생각하기 쉽습니다. 이러한 부정적인 생각은 불안과 스트레스를 유발하는 동시에 과업을 수행하고 진전을 이끌어내는 능력과 기술을 최소화해 생각하도록 합니다. '이 프로젝트는 힘들지만 할만해.'와 같은 중간 지점의 사고방식을 통해 '아, 싫어.'라는 감정을 줄일 수 있습니다. 많은 경우 프로젝트는 일단 시작하면 생각보다는 잘 진행된다는 것을 알게 될 것입니다.

■ 비교적 사고

사회적 비교, 즉 다른 사람과의 비교를 통해 자신을 판단하는 것은 인간의 본성입니다. 이를 통해 자신의 재능과 약점을 발견합니다. 그러나 불공평한 비교를 하게 되면 자신의 약점을 과장하고 강점을 축소할 수 있습니다. ADHD 성인은 비교를 제대로 하지 못하는 것으로 유명합니다. ADHD가 없는 다른 사람들한테서는 사교적인 행동과 성격만 보고 자신에게서는 ADHD와 관련된 못난 점만 보니까 실망하고 자신이 이류이며 남보다 못하다고 생각합니다. 그러나 자신의 목표와 단계를 재조정해 진전을 이루게 되면 변화가 일어납니다.

■ 긍정적 사고

그렇습니다. 긍정적인 사고도 왜곡될 수 있습니다. 긍정적인 사고는 많은 경우 회피-도피 정당화의 형태로 나타납니다. 반드시 해야 하는 우선 순위에 집중하려고 계획을 세우는데 다른 선택지가 나타납니다. 도움이 되지 않는 긍정적인 사고는 덜 현명한 선택지를 고르는 것을 정당화합니다. '이거부터 하면 제일 중요한 저 일을 할 마음이 날 거야.'처럼요. 일반적인 다른 예는 '마지막에 한 개 더 하면 돼.' 또는 '마지막 순간에 작업 효율성이 제일 높더라.'라고 생각하는 것입니다. 하지만 많은 경우 이러한 과업 외적인 생각은 미루기와 지각으로 이어집니다.

성찰하기

위에 언급된 왜곡된 사고 중에서 자신에게 와닿는 예시가 있나요? 다른 왜곡된 예가 있다면 적어 보세요.

행동 영역

CBT의 행동 영역은 하기로 한 일과 하지 않기로 한 일, 행동의 목표 및 가치와 부합 여부, 목표 실행 및 후속 관리에 집중합니다. 과업 시작 후 회피-도피 없이 지속하는 것이 목표로 하는 행동입니다. 행동 영역은 ADHD에 맞춘 CBT 기술을 사용함으로써 의도를 행동으로 전환하는 것을 강조합니다. 이러한 대처 기술을 활용하면 의도와 연관된 불안을 직시하는 데에도 도움이 됩니다. 기분이 내키지 않는데도 과제를 시작하거나 신경 쓰이는 업무를 수행하기 위한 계획을 세우는 것은 ADHD 관련 스트레스와 불안에 직면하기 위한 노출 단계이기도 합니다. 불안을 받아들이고 견디는 데 있어서 압도 불안, 사회적 거절 불안 및 기타 불안에 대응하기 위해 행동을 변경하는 것도 행동 영역에 포함됩니다.

성찰하기

자신이 대체로 회피하거나 미루는 다양한 과업, 집안일이나 의무를 적어 보세요. 과거에 해 봤는데 포기했거나, 사용하지 않으려 하는 ADHD 관련 대응 전략도 적어 보세요.

감정 영역

CBT의 감정 영역은 자신과 감정과의 관계, 감정을 조정하는 동시에 받아들이는 능력을 다룹니다. 과업을 시작할 때 감정 기어를 올리는 것과, 스트레스와 걱정을 덜어내기 위해 감정 기어를 내리는 것도 포함합니다. 성인 ADHD에 대한 CBT의 주요 감정 기술 목표는 불편한 감정을 수용하고 관리하는 데 중점을 두며, 특히 성인 ADHD와 불안의 연결로 인한 불쾌한 감정에 집중합니다.

성찰하기

CBT는 생각, 감정, 행동 간 연결에 집중합니다. 어떤 일을 수행하고 후속 조치를 취하는 데 방해가 되었던 불안, 스트레스, 기타 불편한 감정이 발생했던 상황을 나열해봅시다. 이 중 몇 가지 상황 때문에 이 책을 읽기로 마음먹었을 것입니다.

실행 영역

CBT의 실행 영역은 계획을 실행으로 옮기는 기술이라는 좁은 분야에 집중합니다. 이 책에서 제시하는 기술은 매우 실행 중심입니다. 성인 ADHD를 관리하는 것은 과업 밖에서 과업 안으로 들어올 수 있도록 하는 실행 문제이기도 합니다. 이를 위한 연구 기반 대응 선언이 있는데, 우리는 이를 ADHD에 적용할 것입니다. 공식적인 명칭은 '실행 의도 전략'이라고 합니다. 구체적인 형식은 '내가 X라는 행동/상황을(에) 하게 되면(닥치게 되면), 나는 Y(목표 중심 행동)로 대응할 거야.'입니다(Gollwitzer & Oettingen 2016). 이는 과업을 시작하거나 과업 간 전환 시 매우 유용한 전략입니다. 실행 선언 예는 다음과 같습니다. '내가 식기세척기 문을 열면, 위 칸을 비울 거야.' 미루고 있는 보고서에 대한 실행 선언은 다음과 같습니다. '내가 어제 쓴 보고서 마지막 문단을 읽게 되면, 30분 동안 글을 쓸 거야.'

성찰하기

실행 선언은 특히 아예 시작도 하지 않거나 한동안 방치했던 단독 과업을 다시 하는데 도움이 됩니다. 자신을 위한 실행 선언을 작성해 보세요.

대인 영역

CBT의 대인 영역은 인간 관계에서 자신의 역할을 정의하고 수행하는 데 집중합니다. 관계를 개선하는 방식으로 기술을 적용하는 것을 포함합니다. 자신에 대한 연민도 한 기술인데, 그 이유는 이 영역에서는 자신과의 관계도 포함하기 때문입니다. 6장에서 자기 주장/자기 옹호와 같은 대인 관계 기술을 자세히 탐구합니다. 이러한 CTB 기술은 다양한 삶의 역할에서 여러 의무를 수행하고 자신의 필요와 타인의 필요를 균형 있게 맞추는 데 도움이 될 것입니다.

성찰하기

이전에 작성한 성찰 답변을 다시 살펴보세요. 작성한 목표나 예 중에서 직장이나 가정 내 다른 사람과의 관계나 역할과 관련이 있는 것이 있나요? 이 책에서 배우는 기술을 통해서 관계를 어떻게 개선하고 싶은지 적어 보세요.

SAP 계획

이미 서문에서 3단계 실행 계획인 SAP 계획을 언급한 바 있습니다. 이 계획은 자신의 의도를 실행에 옮길 수 있도록 하는 틀을 제시합니다. SAP는 구체적(specific), 실행 가능(actionable), 목표 지점(pivot point)을 의미합니다. 예를 들어 설명하자면 '성인 ADHD에 더 잘 대응하기'와 같이 가치 있지만 광범위하고 불명확한 목표와 계획을 구체적이고 실행 가능한 단계로 쪼개서 하루 중 목표 지점에서 실행하는 것입니다. 아래는 단계별 자세한 설명입니다.

구체적일 것

SAP 계획의 첫 단계는 '구체적일 것'입니다. 아마 '시간 관리를 더 잘하고 미루기를 덜 하자.'(4장과 5장에서 다룹니다.) 등의 광범위하지만 이루고 싶은 목표가 있을 것입니다. 이러한 목표는 의미가 있으나 이것 자체는 마치 '몸 만들기'처럼 힘든 명제입니다. 구체성은 목표와 직접적으로 관련이 있으면서 정확하고 작은 예를 정의하기 위한 기초 토대입니다. '기한이 지난 과제 완성하기' 또는 '내일 직장에 정시 도착하기'와 같은 것들이 그 예입니다. 이러한 토대 위에 여러 목표에 대해 동일한 기술을 사용할 수 있습니다. 예를 들어 작은 일을 미루는 것은 큰 일을 미루는 것과 큰 차이가 없습니다. 즉, 설거지를 미루는 것과 과제를 미루는 것은 큰 차이가 없습니다. 작은 일에 대해 구체적인 것을 파악해 집중하면 동일한 기술을 큰일에도 사용할 수 있습니다.

과업을 실행 가능한 단계로 나눌 것

SAP의 두 번째 단계는 과업을 실행 가능한 단계로 나누는 것입니다. 먼저 목표를 구체적으로 정의합니다. 기한이 지난 과제를 완료한다든가 내일은 직장에 지각하지 않기 등으로 정의합니다. 이러한 것은 좋은 의도이긴 하나, ADHD는 지식의 문제가 아니라 실행의 문제임을 명심해야 합니다. 따라서 두 번째 단계에서는 자신이 하고 싶을 때 하고 싶은 장소에서 할 수 있는 구체적인 단계로 구체적인 의도를 수립합니다. 이것이 실행 지점입니다. 실행 가능한 단계라는 것은 요리법 단계와는 다릅니다. 예를 들면 지루한 보고서와 씨름을 해야 한다든가 직장에 늦지 않기 위해 아침 일과를 바꾸어야 할 수도 있습니다. 과업을 구체적이고 실행 가능한 것으로 보는 것은 첫걸음을 내딛을 수 있다는 자기 신뢰를 키우기 위한 인지적 재구성입니다.

목표 지점에서 실행할 것

SAP의 세 번째 단계는 구체적, 실행 가능한 과업을 목표 지점에서 실행하는 것입니다. 목표 지점이란 적극적인 하루 일과를 전환하는 시점입니다. 목표 지점의 예로는 기한이 지난 보고서를 작성하는 시간을 저녁으로 잡는다든가, 직장에 늦지 않기 위해 조금 더 일찍 일어나기 등이 있습니다. 보통 어떤 일이든 일단 시작하면 계속 할 확률이 높아진다는 일반적인 관찰에 기반한 제안입니다.

SAP 계획은 ADHD와 불안 모두에 효과적입니다. 이러한 변화는 불안이 끼어들어 ADHD와 공모해 계획을 버리도록 하는 지점-'꼭 지금 이 일을 할 필요는 없잖아.'-에 대응합니다. 그러나 이 지점을 잘 넘어가면 자신의 대처 능력을 최대한 발휘할 수 있게 됩니다.

성찰하기

책에 적은 목표나 현재 대면한 과업을 골라 SAP 계획에 따라 구체적이고 실행 가능한 과업을 정의하고 실행할 목표 지점을 구체적으로 정해 보세요.

평가하고 극복하기

SAP 계획과 다섯 가지 CBT 영역을 활용하면 ADHD와 그 영향에 대응할 수 있는 틀이 마련되고 자신이 스스로 실행할 수 있는 대응 계획을 수립할 수 있게 됩니다. ADHD는 실수로 인한 재발률이 100%인만큼, 이 틀을 활용하면 어디서 어떻게 실수했는지를 되돌아보는 데 도움이 됩니다. 이 정보를 활용해 구체적인 단계를 통해 극복할 수 있게 되며, 단순히 '다음번에는 더 열심히 해야지.'라는 일반적인 생각에 의존하지 않게 됩니다.

이러한 역공학(역자주: reverse engineering. 장치나 시스템의 기술적인 원리를 그 구조 분석을 통해 발견하는 과정입니다. 이는 종종 기계 장치, 전자 부품, 소프트웨어 프로그램 등을 분해해서 분석하는 것을 포함합니다.)의 또 다른 측면은 '나는 최선을 다했으니 여전히 내게는 성공이다.'라고 인정할 수 있게 된다는 것입니다. 자신의 성공과 향상을 인정하고 스스로의 기술과 적성에 대한 신뢰를 가지는 것이야말로 미래 상황에서 다시 활용할 수 있는 중요한 부분입니다. 이것은 유연하면서 도움이 되는 마인드를 구축하는 예이기도 합니다.

정리

이 장에서는 성인 ADHD를 위한 CBT를 항공 사진처럼 조망해 보았습니다. 그런데 CBT는 실제로는 스트리트 뷰처럼 실행 단계에서 작용합니다. 실제 상황에서 구체적 문제와 의도, 개인적으로 의미 있는 사안에 대응할 때 효과가 나타납니다. 여기서 제시하는 기술은 능력이 허용하는 한에서 문제를 최대한 잘 대응할 수 있도록 도움을 줍니다. 3장에서는 구체적인 요소를 모아 대응틀로 만드는 내용을 상세하게 제시합니다. 이틀을 책 내외에서 연습하고 실행할 수 있습니다.

제3장

모든 상황에 대처 체계 활용하기

이 장에서는 CBT 원칙을 활용해 ADHD-불안 연결에 대응할 것입니다. 이러한 기술을 요리조리 활용해 원하는 목적지에 도달할 수 있습니다. 이 과정은 실제 상황에 적용할 때 효과가 가장 좋습니다.

연습에는 노력이 든다는 점을 명심하십시오. ADHD-불안 연결은 이미 시동이 걸려서 잘 돌아가는 기계인 상태입니다. 켈리처럼요. 켈리는 대학교를 거의 낙제할 뻔한 후에 ADHD 진단을 받았습니다. 약으로 치료를 한 덕에 대학을 졸업할 수 있었으나 졸업 후에는 전통적인 사무 업무를 피하고 요구 사항이 적은 일로 옮겨 다녔습니다. 한부모로서 금전적 안정이 필요했기 때문에 지방 대학에서 행정직으로 취직했습니다. 업무, 부모 역할, 성인 역할 간 균형을 잡는 것이 스트레스였기 때문에 CBT의 도움을 요청했습니다. 켈리는 시간 관리 기술을 개선할 필요가 있었습니다. 약을 복용하면 집중력 유지에 도움이 되었지만 대응 기술은 부족했습니다.

제가 켈리에게 한 말은 당신에게도 적용됩니다. 자신과 과정에 대해 끈기를 가지십시오. 실수가 있을 수 있습니다. 대응 전략은 실수를 돌아보고 어느 부분이 잘못되었는지 이해하는 체계적인 방법을 제시합니다. 이러한 행동을 통해 어려움을 극복하고 제 궤도에 오를 수 있습니다.

스트레스 감소 방법: CBT 연습 예시

워크북 연습에 대해 '아, 싫어'라고 느낄 수도 있겠습니다. 목차와 몇 페이지를 훑어보고는 '시간 관리, 미루기, 다 내가 아는 거네. 다른 ADHD 책이랑 다를 바가 없네. 환불 받을까?'라고 생각하고 있을 수도 있겠습니다.

이러한 회의적인 반응은 기존 경험이나 ADHD로 인해 겪은 좌절을 고려하면 이해가 갑니다. 사실 이 반응은 더 많은 좌절로부터 자신을 보호하기 위한 불안 반응이기도 합니다. 그렇지만 ADHD 관리 기술을 연습하면 이러한 불안 연결에 성공적으로 대응하고 스트레스를 줄일 수 있습니다. 기존 대응 기술에 변화를 주어 다시금 시도를 할 마음이 생길 수도 있습니다.

연습하기

대응 도구 중 하나인 일일 플래너(4장에서도 다룹니다.)를 활용해 다음의 질문에 대답해 보세요. 이미 플래너를 활용하고 계신다면 다른 대응 툴을 골라 보세요. 각각의 섹션은 2장에서 제시한 CBT 영역을 의미하고, 이에 따르는 지시문이 있습니다. 연습용으로 켈리가 플래너에 대해 한 대답을 예로 보여 드리겠습니다.

상황
대응 툴로 일일 플래너를 사용한다고 생각해 봅시다.

닥친 과업에 대한 자신의 동기 부여를 생각해 봅시다. 애초에 이걸 왜 하고 싶어 했습니까? 명확해지면 첫 번째 단계를 생각해 봅시다.

예 플래너를 사용하라고 권고를 받았다. 다음 단계는 이 장을 마저 읽고 연습을 한 다음 시간 관리 장을 읽는 것이다.

나의 답:

일일 플래너를 사용하는 목적은 무엇입니까?

예 플래너와 기타 기술을 활용하면 ADHD 관리에 도움이 되고 스트레스를 덜 받으면서 일을 주도적으로 처리할 수 있게 되는지를 알고 싶기 때문이다.

나의 답:

인지 영역

플래너를 사용하는 것에 대한 내 생각이나 반응을 생각해 봅시다.

이러한 생각이나 반응이 나의 목표에 어떠한 영향을 줍니까?

예 새로울 것도 없고, 효과도 없으며, 이런 데 시간을 낭비하기에는 내가 너무 바쁘다. 이게 내 가정이긴 한데 이번에는 다를지 한번 지켜보도록 하겠다.

나의 답:

플래너 사용에 대한 내 생각이 어떻게 왜곡될 수 있을까요? 이러한 왜곡을 어떻게 극복할 수 있을까요?

예 내 반응은 플래너를 사용해 보기도 전에 부정적이었다. 많은 사람들이 플래너를 사용해 보라고 추천하긴 했다. 나는 플래너 사용에 관한 내용을 읽어 볼 의향은 있다.

나의 답:

플래너를 사용하겠다는 목표를 꾸준히 이루는 데 도움이 되는 생각이나 마인드는 무엇일까요?

예 개방적인 마음을 가지고 실행하고 효과를 알아보는 것이다. 이전보다는 플래너 활용에 대한 동기부여가 더 되긴 한다.

나의 답:

감정 영역
플래너 사용이라는 목표에 대한 걱정, 불편감, 불확실성에 대해 생각해 보세요.

내가 느끼는 불안, 기타 감정, 신체적 반응은 어떤 것이 있나요?

예 긴장되고 짜증나고 화도 약간 난다. 어깨가 뻣뻣하고 속도 약간 울렁거린다.

나의 답:

이러한 감정이 나에게 어떤 신호를 보낸다고 생각하나요?

예 스트레스가 내게 말하길 이것이 내게 도움이 되지 않을 것이기 때문에 소중한 시간을 허비하지 말라고 한다. 그리고 실패해서 직장을 잃는 것에 대한 걱정도 있다.

나의 답:

이러한 감정에 어떤 이름을 붙이면 이런 감정을 받아들이고 관리할 수 있게 될까요?

예 내 짜증은 '계획 세우는 것이 싫어.'라는 감정이다. 또 일상 생활을 따라잡으려고 많이 노력하는 데서 오는 ADHD 스트레스도 있다. 이 감정을 느끼면 나는 숨을 깊이 들이쉬고 계속 나아간다. 이것이 도움이 될지도 모르겠다는 희망도 약간 있다.

나의 답:

행동 영역

플래너를 사용하고 플래너 활용이라는 목표를 달성하는 데 도움이 되는 행동을 생각해 보세요.

다음 단계로 할 수 있는 구체적인 행동은 무엇인가요?

예 시간 관리 장을 읽은 다음 플래너를 사서 이번 달에 활용해 봐야겠다.

나의 답:

회피-도피가 실행 단계에 어떻게 방해가 될까요? 여기에 어떻게 대응할 수 있을까요?

예 플래너를 살펴보다가 압도당해서 포기할지도 모르겠다. 기본적인 플래너를 골라
야겠다.

나의 답:

내 목표가 번거로움을 감수할 만한 가치가 있는 이유는 무엇인가요?

예 플래너를 활용해 나와 내 딸을 위해 조직화 능력을 개선할 것이다. 스트레스를 줄
이고 일을 잘 통제하려면 그만한 번거로움도 감수할 만한 가치가 있다.

나의 답:

실행 영역

'X라면 Y한다.'라는 실행 계획을 세우십시오.

목표 달성을 위한 플래너 사용 실행 계획은 무엇인가요?

예 플래너를 구하면 10분을 들여 이번 달 업무 회의와 축구 경기 일정을 적을 것이다.

나의 답:

대인 영역

플래너 사용과 내 목표가 내 여러 역할과 다른 사람과의 관계에 미치는 영향에 대해 생각해 보세요.

플래너 사용과 내 목표가 내 삶에 속한 다른 사람에게 어떤 영향을 미치나요?

예 내 딸에게 모범이 되고 내 딸의 스케줄을 잘 기억하고 싶다. 직장에서도 조직력을 잘 발휘해서 신뢰할 수 있는 사람으로 비춰지고 싶다.

나의 답:

관계에 있어서 내 목표를 어떻게 달성할 수 있나요?

예 내 딸과 함께 하는 시간을 최우선으로 삼고 이것과 상충되는 일은 거절하고 싶다. 직장에서 일이 너무 많거나 스트레스가 쌓이면 도움을 요청하겠다.

나의 답:

플래너를 사용해 목표를 향해 나아가는 과정에서 어떻게 자기 연민을 실천할 수 있을까요?

예 나에 대해 인내심을 가지고, 내 진전에 집중하고 실수로부터 배울 것이다.

나의 답:

연습 정리

연습은 어땠나요? 이 연습은 몇 가지 단계에서 효과가 있습니다. 첫째, 자신의 생각, 감정, 행동 계획을 찬찬히 적어 봄으로써 정보를 외연화하게 됩니다. 이를 통해 생각을 마음 밖으로 드러내어 들여다볼 수 있게 됩니다. 이렇게 적는 연습을 통해 불안과 싫은 기분을 유발하는 사안을 노출하게 됩니다. 이 연습은 자신의 감정을 직시할 수 있도록 하는 감정적 거리두기 연습입니다.

둘째, 이런 연습을 통해 잠시 하던 일을 멈추고 자신의 반응을 성찰하고, 앞으로의 일을 '예찰'(proflect)할 수 있게 됩니다. 여기서 예찰이란 현재 목표에 맞는 행동을 미래에 수행하는 자신을 살펴보는 것을 의미합니다. 원하는 마음가짐, 감정 관리, 실행 계획에 대한 정신적인 리허설이라 할 수 있습니다. 상황을 파악하고 다른 대응 방법을 생각하다 보면 자신이 활용할 수 있는 대안이 늘어납니다. 자신의 불편한 느낌에 대해 시간을 두고 생각해 보면 약간이나마 이러한 번뇌를 잠재울 수 있고, 행동을 상상할 수도 있게 됩니다. 이 모든 것이 자신의 의도를 행동으로 전환할 수 있는 가능성을 높입니다. 이 과정은 실행 선언 문구를 고안하고 인간관계에서 이 계획이 얼마나 중요한지를 고려함으로써 강화됩니다.

정리

스스로를 칭찬하십시오. 이 장에서 많은 활동을 했습니다. CBT 체계에 대해 살펴보았고, 다음 장에서 연습할 기술을 보완하는 방법으로 이 틀을 미리 사용해 보았습니다. CBT는 목표 중심적이며, 목표를 달성하려면 계획이 필요합니다. 이를 위해서는 시간의 흐름에 따라 자신의 행동을 조직해야 할 필요가 있는데, 이것이 시간 관리의 핵심입니다. 4장에서는 시간 관리 툴과 전략을 배울 것입니다.

제4장

시간 관리에 압도되지 않기

성인 ADHD를 관리하는 것은 문어와 레슬링을 하는 것과 같습니다. 그것도 물속에서 눈을 가린 채로 말이지요. 모든 것을 한 번에 바꿀 수는 없으며, 큰 변화를 생각하는 것만으로도 압도되기 일쑤입니다. 그러므로 이 책을 통해 연습하고 실행하는 여러 가지 기술과 전략은 성공이 쉽도록 과업을 잘게 쪼개 수행할 것을 권고합니다. '기한이 지난 지출 내역서 한 건 작성해 제출하기' 등이 예가 될 수 있습니다. 밀린 이메일을 쓰기로 한다면 어제 메일로 한정을 할 수도 있습니다. 장보기가 힘들다면 생필품으로 한정해 시도해 봅니다.

이러한 단계 하나하나가 ADHD 대응 기술 레퍼토리를 만드는 기본 단위입니다. 스트레스와 불안은 여전히 존재하겠지만 그 크기는 작을 것입니다. 구체적이고 실행 가능한 단계를 목표 지점에서 실행하는 SAP 계획을 기억하시지요? 이 전략을 모든 과업에 적용할 수 있습니다. 이 장은 시간 관리에 집중합니다.

시간 관리는 많은 ADHD 성인에게 불안을 일으키는 문제입니다. ADHD가 있으면 하고 싶은 일과 해야 하는 일 모두에서 각각의 업무와 책임을 조율하는 것이 어렵고 스트레스를 느끼게 됩니다. 이러한 것들을 직면하는 것조차 걱정과 압박감을 유발합니다. 이 때문에 하루하루를 잘 헤쳐 나가면서도 궁극적으로 스트레스를 줄이는 방법이 필요합니다. 그리고 이것이 시간 관리의 본질입니다. 시간, 노력, 에너지를 배분하는 방법을 배워서 시간을 두고 자신의 페이스를 조절할 수 있도록 합니다.

시간 관리 필요성 직면하기

시간 관리는 ADHD 성인이 가장 많이 언급하는 실행 기능 문제입니다 (Barkley 2012). 기본적으로 목표를 달성하기 위해 주별, 일별, 시간별로 자신을 어떻게 소비하고 페이스를 조절하느냐의 문제입니다(Ramsay & Rostain 2015a).

플래너와 일정표는 시간 관리를 위한 기초 툴입니다. 플래너를 사용한다는 것은 하루 동안 하고자 하거나 해야 할 일들을 기록하는 것을 의미합니다. 가장 일반적인 항목으로는 업무, 학교, 가족, 사회 활동과 관련된 의무와 약속이 포함됩니다. 플래너는 운동이나 건강 관련 약속처럼 웰빙을 촉진하는 활동을 포함하여 여러 활동을 추적하고 완료하는 데 도움을 줍니다. 그러나 미완료된 과제들이 불길한 구름처럼 따라다니며 스트레스를 주고 마음의 평화를 앗아갈 때, 오락 및 웰빙 계획은 종종 희생되곤 합니다.

성찰하기

이 중 자신에게 해당하는 내용이 있나요? 아래에 공감이 가는 비슷한 문구를 추가해 보세요.

- 나는 훌륭한 계획을 세우지만, 그 계획을 따르지는 않는다.
- 나는 일정과 할 일 목록이 있지만, 결국 사용하지 않는다.
- 시작은 좋지만 곧 계획에서 벗어나고 계획이 틀어져 버린다.
- 하루 종일 바쁘지만 아무것도 완료하지 못한다.
- 산만함에 시간을 잘못 관리하고, 결국 나를 위한 시간이 없다.
- 나보다 더 바쁜 사람들이 더 짧은 시간에 더 많은 일을 해내는 것 같다.

나에게 공감이 가는 비슷한 문구를 추가해 보세요.

성찰하기

시간을 내기는 어렵지만 일정에 넣을 수 있는 워라벨이나 웰빙 활동은 무엇이 있나요?

시간 관리는 ADHD 성인 대부분이 힘들어 하는 부분입니다. 다양한 역할과 임무를 조율하면서 매주, 매일매일 자신의 노력을 모니터링해야 합니다. 침대에서 '5분만 더 자고 일어나야지.' 하고 생각한다든가 스트레스를 피하려고 휴대폰을 들여다 본다고 해서 시간이 멈추지는 않습니다. 이 책에서 제시하는 시간 관리 툴과 전략을 따르다 보면 일상에 직면하고 자신의 스케줄을 조정하며, 구체적이고 실행가능한 과업으로 변환하면서 원활한 실행을 통해 목표 지점에서 실행할 수 있도록 실행 시점을 정할 수 있게 됩니다.

일일 플래너

그럼요! 잘 압니다! 일일 플래너는 ADHD 대응에서 너무나도 자주 사용되는 진부한 툴입니다. 이 때문에 3장에서 연습할 때 켈리처럼 회의적으로 반응하셨겠지요.

계획에 있어 저항은 흔한 일입니다. 체계적인 계획을 세우는 것은 스트레스와 불안을 유발합니다. 많은 ADHD 성인들이 계획 수립을 실패의 전조라고 부릅니다. 예를 들어 오후 3시에 무엇을 할지 계획하는 것은 나중에 그 일을 하고 싶은 기분이 들 것이라고 지금 확신하지 않는 한 저항하게 됩니다(물론 그 때 기분이 날 리는 없지요.). 그 결과, 상황을 봐 가며 즉흥적으로 대응하려는 유혹이 생깁니다.

즉흥적 대처는 것은 높은 인지 부하를 요구하는 작업이기 때문에 매우 피로하다는 점을 기억하세요(Levitin 2014; Mlodinow 2022). 이러한 피로는 의사 결정의 질과 충동 조절 능력을 저하시키므로 더 쉬운 방법이나 즉각적으로 즐거운 다른 일을 찾게 되기 쉽습니다(Paul 2021). 이를 통해 ADHD가 증폭됩니다. 즉흥적 대처는 ADHD와 불안 관리에 불리하게 작용합니다.

하루치 계획을 세우는 데 있어, 예를 들어 점심 전후에 무엇을 할지 등 최소한의 계획을 세우면서 스트레스를 조금씩 나누면 나중에 겪을 스트레스와 불안의 크기를 줄일 수 있습니다. 최소한의 계획이라도 실행을 향한 첫걸음이 될 수 있습니다.

다음은 플래너를 사용해 하루를 계획하는 단계입니다.

확정된 의무부터 시작하기

하루는 24시간, 일주일은 168시간입니다. 벽걸이 달력이나 디지털 플래너를 포함한 여러 플래너는 시간의 간격을 시각적으로 보여 주는 행과 열에 불과합니다. 이러한 행과 열을 사용하고 싶은 만큼 지정하면 됩니다. (화이트보드, 스프레드시트, 또는 종이를 사용해서도 동일한 작업을 할 수 있습니다.)

시간을 외부로 시각화하는 것은 ADHD 성인들에게 특히 중요합니다. 이는 시간을 기억하느라 정신적 에너지를 허비할 필요 없이 시간 작업이 가능해지기 때문입니다. 그리고 시간을 잊어버릴 위험도 줄여줍니다(Levitin 2014). 일일 플래너는 하루 또는 여러 날 동안 사용할 시간 흐름을 관리하는 데 도움을 줍니다. 이는 마치 하루에 $24, 일주일에 $168의 예산을 갖는 것과 같습니다.

첫 단계로, 병원 예약이나 업무 회의와 같은 확정된 의무 사항을 플래너에 입력하세요. 세부 수준은 자신에게 맞추면 됩니다. 점심 시간, 개 산책, 과제, 기타 과업에 대한 시간을 예약할 수도 있습니다. 통근 시간, 취침 및 기상 시간, 운동, 그리고 다른 정기적인 이벤트와 같이 챙겨야 하는 시간도 예약하는 것을 추천합니다.

논리적이지요? 하지만 스스로 세운 것이라 하더라도 이렇게 계획된 기대치는 여전히 스트레스와 불안을 유발할 수 있습니다. 그것은 이렇게 계획된 하루나 주를 볼 때 느끼는 미묘한 싫은 감정 또는 뚜렷한 거부감이나 본능적인 저항감일 수도 있습니다. 이러한 반응들은 '나는 할 수 있다.'는 생각과 '나는 할 수 없다.'거나 '하고 싶지 않다.'는 생각 간의 싸움입니다. 하루를 계획할 때 느끼는 이러한 불편함은 일반적인 것이며, 이를 성인 ADHD와 불안의 연결에 대처하기 위한 투자로 볼 수 있습니다. 즉, 관점을 바꾸어 보면 계획 불안은 하루를 시작한다는 중요한 과제를 맞이할 에너지를 끌어올리는 과정이라 볼 수 있습니다.

플래너 사용에 여전히 저항감을 느낀다면, 3장에서 다룬 연습을 다시 읽고 CBT 항목을 통해 플래너의 가치를 다시 검토해 보세요.

오늘의 계획을 어떻게 실행할까?

계획을 세운 후, 즉 하루의 청사진을 그린 후에는 실행에 초점을 맞추어야 합니다. 지금은 무엇을 할까, 다음에는 무엇을 할까? 이러한 단계들은 업무를 작은 단계로 나누라는 익숙하지만 여전히 현명한 조언을 반영합니다. 이 ADHD 과업 실행 기술은 일종의 일석이조 전략으로, 한 번에

한 단계씩 접근하는 방식으로 불안을 직면하고 해소하는 점진적 노출을 의미합니다.

일일 계획을 세울 때 스트레스를 줄이는 또 다른 방법은 휴식 시간과 여유 시간을 확보하는 것입니다. 이러한 여유 시간은 하루 동안 활력을 불어넣는 휴식을 제공합니다. 계획을 현실적으로 세우면 하루 종일 진전을 이루면서 성취감과 생산적인 하루를 마친 만족감을 느낄 가능성이 높아집니다(Hofmann 2016).

일일 플래너는 개인 생활에서도 다재다능한 도구입니다. 집안일과 심부름뿐 아니라 저녁 예약, 운동, 아이들 놀이 약속에도 유용합니다. 심지어 인간 관계에서의 상호작용도 플래너를 사용해 추적 관리하는 과업으로 정의할 수 있습니다. 이는 6장에서 다시 다룰 것입니다.

연습하기

하루 일과 예를 살펴보며 시작해 봅시다. 이 예시는 자신에게 필요한 수준보다 더 세분화된 일과일 수 있습니다.

【일일 플래너 예】

오전 12시	잠
1시	잠
2시	잠
3시	잠
4시	잠
5시	잠
6시	잠 6:30 알람, 샤워/옷 입기, 개 밖으로 내보내기
7시	아침 식사, 역으로 출발
8시	통근, 사무실 도착
9시	플래너 검토, 이메일 확인/답장
10시	10:45까지 직원 회의
11시	신규 고객 발굴, 문의 대응
12시	점심 식사, 오전에 온 이메일 검토
오후 1시	월간 보고서 작업, 전월 보고서를 템플릿으로 활용해 새 정보 업데이트
2시	2:30까지 월간 보고서 작업, 필요한 온라인 교육 받기
3시	선택: 월간 보고서 작업이나 오늘 나온 사안에 대한 작업 중 고르기
4시	업무 정리, 회의록 검토, 내일 일일 계획 수립
5시	역으로 출발, 귀가
6시	집 도착, 짐 풀기, 개 산책, 저녁 준비
7시	저녁 먹기, 청소, 러닝머신에서 달리기
8시	휴식, 빈둥거리기, 독서/TV 등
9시	휴식
10시	친구랑 놀기, 내일 출근 가방 싸기, 점심 만들기, 개 내보내기
11시	11:30 취침, 안 피곤하면 독서

성인 ADHD와 불안 다스리기

【나의 일일 플래너】

평범한 하루를 기준으로 스스로 만들어 보세요.

오전 12시	
1시	
2시	
3시	
4시	
5시	
6시	
7시	
8시	
9시	
10시	

11시	
12시	
오후 1시	
2시	
3시	
4시	
5시	
6시	
7시	
8시	
9시	
10시	
11시	

성인 ADHD와 불안 다스리기

사람에 따라 15분 또는 30분과 같이 더 작은 시간 간격으로 구성된 플래너가 필요할 수도 있습니다. 병원 응급실과 같은 직장에서 일하고 있는 경우에는 아무리 잘 세운 계획이라도 예고 없이 바뀔 수 있습니다. 그럼에도 불구하고 플래너를 활용하면 계획을 정리할 수 있고 실행 가능성도 높여 줍니다. 주말이나 공휴일 같이 비구조적인 날들도 플래너에 포함시켜 최대한 활용해 보세요.

일일 플래너를 효과적으로 사용하는 방법은?

전날 밤이나 하루를 시작할 때 플래너를 검토하는 것은 좋은 습관이자 좋은 실행 단계입니다. '플래너를 열면 600초 동안 검토하고 업데이트할 것이다.'라고 정해 두고 시간을 재구성하면 과업이 더 실행 가능하게 보이게 되며 계획을 실행에 옮기는 데 도움이 됩니다. 검토 과정에서 프로젝트, 심부름, 휴식과 같은 특정 과업의 시간을 대략적으로 확인할 수 있으며, 이러한 과업이 모여 하루를 일련의 실행 지점들로 구성합니다. 플래너의 또 다른 기능은 걱정과 스트레스를 줄일 수 있다는 것입니다. 하루 일과를 들여다보면 과업 사이사이의 휴식 시간과 종료 시간을 포함해 하루가 분할되어 있어 각각의 과업이 실행 가능하다고 느낄 수 있기 때문입니다.

플래너는 또한 성취한 것을 기록하는 곳이기도 합니다. 많은 사람들이 이 점을 쉽게 간과합니다. 흔히 나타나는 사고 패턴이 '그래요. 그렇지만'이라는 말을 함으로써 긍정적인 결과를 폄하하는 것입니다. 예를 들어 '그래요. 나 오늘 정시 출근했어요. 그렇지만 일을 많이 하지는 못했어요.'라고 하는 식입니다. 플래너를 활용하면 하루 성과를 평가할 수 있는 데이터를 모을 수 있습니다. '막판에 약간 흐트러지긴 했지만 많은 것을 성취했어.'라고 느낄 수 있습니다.

플래너로부터 수집한 데이터를 활용해 조정도 가능합니다. 예를 들어 차가 막혀서 병원 진료에 늦었다면 다음번에 조금 더 일찍 출발할 수 있고, 월간 보고서 등과 같이 복잡한 과업은 오전 시간으로 옮겨야겠다고 깨달을 수도 있습니다.

연습하기

일일 플래너를 사용해 CBT 기술을 활용해 봅시다. 다음의 질문에 답해 보세요.

인지 영역
일일 플래너를 사용함에 있어 방해가 되는 생각이나 의심은 무엇인가요?

일일 플래너 사용에 도움이 되는 마음가짐은 무엇이며 그것이 내게 어떻게 도움이 될까요?

내 계획과 기대는 구체적이고 현실적인가요?

행동 영역
내게 가장 잘 맞는 플래너는 어떤 종류인가요?

언제 하루 일과를 작성하고 검토할까요?

감정 영역

플래너에 관해 생기는 걱정이나 감정은 어떤 것이 있나요?

이러한 감정이나 자기 방어적 불편감 중 과거의 좌절과 불확실성에 기반한 것이 있나요?

이러한 불편한 감정을 정상적인 것으로 받아들이고 플래너를 지속적으로 사용할 수 있는 방법에는 어떤 것이 있을까요?

실행 영역

계획 실행과 검토에 있어 'X라면 Y한다'는 나의 전략은 무엇인가요?

새로운 약속과 계획에 대한 'X라면 Y한다'는 나의 전략은 무엇인가요?

대인 영역

나 자신만을 위한 시간은 언제를 원하나요?

직장 사람들이나 친구, 가족과 같은 내 주변 사람들을 위한 시간은 언제를 원하나요?

플래너를 활용해 어떻게 자기 연민을 실천하시겠습니까?

할 일 목록(To-do list)

할 일 목록은 대체로 너무 야심차기 때문에 효과가 없다고 알려져 평판이 좋지 않습니다. 그런데, 할 일 목록은 해야 할 일을 모두 적는 곳이 아닙니다. 깨알 같이 많은 활동이 적혀져 있으면 오히려 불안이 조성되고 거부감이 생깁니다. 마찬가지로 과업을 단순히 적어 놓는다고 해서 저절로 실행이 되는 것도 아닙니다.

할 일 목록은 플래너를 보조하는 역할을 합니다. 두 개에서 다섯 개 정도의 실현 가능한 과업을 적습니다. 자신이 감당할 수 있는 양을 알 때까지는 적은 수로 시작하는 것이 좋습니다. 일상적 일과에서 벗어나므로 기억을 해야 하고 실행에 특별한 주의와 노력이 필요한 사항을 적으십시오. 예를 들어, 대학생이라면 '수업 참석'을 목록에 포함할 필요는 없지만, '로젠필드 박사님 면담'은 넣을 필요가 있습니다. 또한 '점심 시간에 산책하기'와 같이 상기가 도움이 되는 과업이나 습관은 적습니다.

할 일 목록을 좀 더 ADHD 친화적으로 만드는 방법은 과업을 특정 시간이나 목표 지점에 할당하는 것입니다. 예를 들어 '귀가 길에 우유 사기'가 그 예입니다. SAP 계획 요소인 '구체적'이면서 '실행 가능한 과업' 형태로 설명하는 것도 도움이 됩니다(예: '8시에 정비소 문 열면 오일 갈기 예약하기').

할 일 목록은 휴대 가능하고 접근이 쉬워야 합니다. 휴대폰에 플래너 앱을 깔아서 사용하는 사람들도 있고 종이 플래너를 선호하는 사람들도 있습니다. 자신에게 맞는 방식을 고르면 됩니다.

연습하기

아래의 할 일 목록 예를 보고 자신만의 할 일 목록을 작성해 봅시다.

할 일 목록 예

과업	시간
내가 친 자격인증시험 비용 지원에 관한 문의 메일을 인사팀에 보내기	직원 회의 끝나고 오전 10시 45분
병원 예약 온라인으로 하기	근무 시간 중 오후 4시
강아지 사상충 약 먹이기	산책 전 오후 6시

할 일 목록 연습

과업	시간

우선순위 설정하기

우선순위 설정은 하루 일과 순서에 영향을 미칩니다. 예를 들면, 시간 (과 과업)을 '지금'과 '나중' 범주로 나눌 수 있습니다. 한 가지 위험한 점은 너무 지금 중심으로 과업 중요도를 정하다 보면 더 큰 보상을 주는 '나중' 의 과업을 소홀히 할 수 있다는 것입니다. 이는 또한 ADHD 성인이 자주 겪는 맹점이기도 합니다. 만약 어떤 작업이 즉각적인 몰입을 필요로 하 는 과업(예: 폭탄 해체)이 아니라면 너무 자주 '나중' 범주로 분류되곤 합 니다. 이로 인해 그 과업을 무시하기 쉽고(예: 치과 예약), 결국 마감 기한 이 임박하거나 긴급한 상황(예: 치통)이 올 때까지 미루게 됩니다. 우선 순위 설정은 이러한 '나중'의 과업을 언제 할지 플래너에 배치하고 할 일 목록에 포함시키는 것을 의미합니다.

물론 지금/나중 과업이 할 일 목록에 올라와도 며칠 동안 방치할 수도 있습니다. 물론 기한이 다가오면 집중력과 에너지가 폭발적으로 높아지 기도 합니다. 그 이유는 기한을 넘길지도 모른다는 불안이나 기타 걱정 이 몸과 마음을 자극하기 때문입니다.

우선순위를 정하면 마지막 순간의 경고를 예방할 수 있습니다. 가장 중 요한 과업을 언제나 가장 먼저 처리해야 한다는 뜻이 아닙니다. 플래너를 매일매일의 부동산 자산을 보여 주는 툴이라고 생각합시다. 가장 중요한 자산(시간)은 무엇인가? 어떤 ADHD 성인에게는 밤에 충분히 쉬고 약효 가 강한 오전이 가장 가치 있는 시간일 수 있습니다. 반면 ADHD 성인 다 수가 오후나 저녁때가 생산성이 높다고 합니다(Hallowell & Ratey 2021). 이 경우 오전에는 다른 일을 할 수 있습니다(Mlodinow 2022). 자신의 강점을 최적화하는 시간 관리 기술을 자신에 맞게 적용할 수 있습니다.

　최우선순위 과업을 먼저 적고 나머지 과업을 남은 시간에 신중하게 배치합니다. 예를 들어 보고서가 최우선이라면 보고서를 먼저 하고 인지적 부담이 적은 일을 다음에 합니다. 이는 유산소 운동과 무산소 운동을 번갈아 가며 신체의 다양한 시스템을 훈련하는 서킷 트레이닝과 유사합니다. 한 시스템이 과부하 상태일 때 다른 시스템은 휴식을 취합니다.

연습하기

할 일 목록과 우선순위 설정을 위한 대응 전략을 연습해 봅시다.

인지 영역
할 일 목록 사용을 방해하는 내 생각이나 의심은 어떤 것이 있나요?

할 일 목록을 사용함에 있어 유익한 사고방식은 무엇이며 그것이 나에게 어떻게 도움이 될 수 있을까요?

나의 기대가 구체적이고 현실적인가요?

행동 영역

할 일 목록을 나에게 맞게 사용하기 위해서는 어떤 형식을 사용하는 것이 좋을까요?

우선순위가 더 높은 작업은 하루 중 어느 시간에 배치하는 것이 좋을까요?

할 일 목록을 매일 검토하는 습관을 들이려면 언제 검토하는 것이 좋을까요?

감정 영역

할 일 목록에 대해 느끼는 걱정이나 감정은 어떤 것이 있나요?

이러한 감정이나 자기 방어적 불편감 중 과거의 좌절과 불확실성에 기반한 것이 있나요?

이러한 불편한 감정을 정상적인 것으로 받아들이면서 할 일 목록을 지속적으로 사용할 수 있는 방법에는 무엇이 있을까요?

실행 영역

할 일 목록을 작성하고 검토하기 위한 나의 'X라면 Y한다' 전략은 무엇인가요?

할 일 목록에 나온 과업에 대한 나의 'X라면 Y한다' 전략은 무엇인가요?

대인 영역

할 일 목록에 올라온 과업 중 나만의 시간을 위한 과업은 무엇인가요? 한 개 이상을
찾으세요.

할 일 목록에 올라온 과업 중 직장 동료와의 관계나 사적 관계를 위한 과업은 무엇인
가요? 한 개 이상을 찾으세요.

정리

일일 플래너와 할 일 목록은 하루 일과를 더 쉽게 진행할 수 있는 버팀목이 됩니다. 이러한 툴을 사용하면 성공적으로 우선순위를 정하고 과업 일정을 수립할 수 있습니다. 할 일 목록을 만들고 검토하고 업데이트하는 데 드는 시간은 스트레스와 불안을 줄임으로써 보상받을 수 있습니다. 이러한 툴을 사용하면 계획을 끝까지 실행하는 데에도 도움이 됩니다. 이를 통해 일정 관리를 잘 하고 있다는 성취감도 얻을 수 있습니다.

ADHD 성인에 대한 일반적인 CBT 치료의 목적은 일일 계획 수립뿐 아니라 실행에 있습니다. 이 장에서는 계획 수립에 초점을 맞췄으며, 5장에서는 계획을 수립 후 항상 도사리고 있는 '미루기'를 미연에 방지하는 방법을 설명합니다.

제 5 장

자기 신뢰를 통해 미루기 극복하기

배리의 사례에서 본 직장 프로젝트 미루기는 ADHD의 전형적인 예로, 많은 사람들이 익숙하게 느끼는 예입니다. 배리는 프로젝트 계획이 있었지만 프로젝트를 계속 미루었고, 프로젝트로 인한 불안과 스트레스는 상사에게 보여 줄 것이 하나도 없을 것이라는 두려움으로 변했습니다. 그리고 시간이 지나 '나중' 범주가 '지금' 범주로 바뀌었습니다. 배리는 스트레스, 불면증으로 그 대가를 치렀고, 회복에 수일이 걸렸습니다.

당신도 연체 수수료나 미납 과태료와 같이 미루기로 인한 금전적 대가를 치른 적이 있을 것입니다(ADHD와 관련한 경제적 비용은 'ADHD 세금'이라고 불립니다. 6장에서 다룹니다.). 또한 신청 기한을 놓쳐서 기회를 상실하거나, 학점이 좋지 않거나, 실적 평가가 나쁜 경험도 해 봤을 것입니다. 심지어 계획했던 일을 하지 않고 다른 일을 하더라도 충족감을 느끼지 못했을 것입니다. 그저 시간만 허비하며 우선순위 과업으로 인한 스트레스를 피하고 있었을 가능성이 높습니다.

미루기는 ADHD 성인들에게 가장 많이 나타나는 문제입니다. 미루기의 정의는 '지연으로 인해 상황이 악화될 것을 알면서도 의도한 행동 과정을 자발적으로 연기하는 것'입니다(Steel 2007, 66). 자신이 과업을 처리할 능력이 있다는 것을 알지만, 불안은 과업을 지속적으로 수행하고 완료하는 데 필요한 지루한 상세 내용이나 단계에 직접 대응할 수 있다는 자신의 믿음을 허물어뜨립니다. 이러한 의심은 자신에 대한 불신과 회피-도피를 강화하는 결과를 초래합니다(Bandura 1997; Ramsay 2020).

충동성도 미루기에 한몫을 합니다(Steel 2007). 소셜 미디어 계정을 새로 고침하는 것과 같이 짧고 생각 없는 순간이 미루기를 더욱 쉽게 만듭니다.

성찰하기

나중으로 잘 미루게 되는 과업, 집안일, 책임을 나열해 보세요.

지연 활동(procrastivity)이란?

'미루지 않기 위해 열심히 일한다는 목표'는 충분히 구체적이거나 실행 가능하지 않아 성공하기 쉽지 않습니다. 다행히 지연 활동(역자주: procrastivity, procrastination(미루기)와 activity(활동)의 합성어)이라 불리는 특정한 형태의 미루기를 이를 극복하는 툴로 사용 가능합니다.

지연 활동은 우선순위가 높지만 복잡하거나 지루한 일을 피하기 위해 계획한 일 대신 갑자기 집안일이나 허드렛일과 같은 다른 작업을 하는 것을 의미합니다. 이는 궁극적으로는 자기 파괴적입니다. 하지만 최소한 결실을 맺는 다른 일이라도 하기 때문에 '생산적 미루기'라고도 불립니다. 뭐라도 하는 게 아무 것도 안 하는 것보다는 나으니까요. 그렇죠?

다음은 지연 활동의 몇 가지 예시입니다(Ramsay 2020의 심층 리뷰를 참고하세요). 세금 신고를 하려고 계획했지만 잔디를 깎기로 마음을 바꾸는 경우입니다. 정원 일을 하다 보면 국세청에 맞설 기분이 날 것이라고 스스로를 설득하는 것이죠. 또는 학교나 직장 과제를 처리하는 대신 책상을 정리하는 경우도 있습니다.

지연 활동은 생산성을 가장한 트로이 목마와 같습니다. 그러나 실제로는 회피-도피의 또 다른 형태입니다. 이제 지연 활동 과업의 일반적인 특징을 살펴보고, 이러한 특징을 어떻게 주요 목표를 달성하는 데 활용할 수 있을지 알아보겠습니다. 이 특징들은 다음과 같습니다:

- 주로 수작업인 경우가 많음
- 착수 단계가 명확하고 실행 가능한 단계로 구성됨

- 소요 시간을 합리적으로 추정할 수 있음
- 진행 사항을 확인하고 유지할 수 있음
- 작업이 완료되는 명확한 끝점이 있음

이러한 특징을 목표에 적용하면 불안에 맞서고 계획을 일관성 있게 실행해 미루기를 극복할 수 있습니다. 물론 이러한 대처 방법을 단순히 '수법'으로 치부할 수도 있습니다. 맞습니다. 이러한 것들은 몰입을 위한 수법입니다. 몰입이야말로 주요 행동 목표니까요. 자신에 대한 불신과 불쾌한 감정이야말로 애초에 뇌가 미루기를 하려는 수법입니다. 여기에 대한 대응책은 미루기 방지 툴로서, 앞으로 다룰 미루기 방지 계획에서 사용할 수 있습니다.

미루기 방지 계획

미루기 방지 계획 수립을 위해 다음 질문에 답해 보세요.

- 나는 무엇을 안 하고 있는가?
- 왜 그 일을 해야 하는가?
- 그 일은 내게 무슨 가치가 있는가?

미루기를 극복하기 위한 첫 번째 단계는 할 의도가 있지만 하지 않고 있는 일을 정확하게 정의하는 것입니다. 무엇을 안 하고 있나요? 정의해 보세요. '숙제하기'와 같이 명확해 보이는 과업이지만 거기에 압도당했을 지도 모릅니다. 그런데 과제가 세 개라면 과업도 독립된 세 개이고, 각각 하부 과업이 달려 있습니다. 이러한 상황이 스트레스 반응을 만들고 스스로 도망치고 싶게 됩니다. 압도되었다고 느낀다면 초점을 구체적이고 실행 가능한 단일 과업으로 줄이십시오. 예를 들어 '수학 문제 한 세트 풀기' 등으로 말이지요.

다음 물을 질문은 '왜 그 일을 해야 하는가?'입니다. 잠시 멈추고 답을 생각함으로써 ADHD성 도피 플렉스를 떨쳐 냅니다. '왜 해야 하는가?'하고 물음으로써 과업을 지금 행하는 것의 장점을 생각해 봅니다. 과업에 대해서 생각하는 것 자체가 인지적 노출로서 스트레스, 불안, 불쾌한 감정을 완화할 수 있습니다.

'그 일은 내게 무슨 가치가 있는가?'가 세 번째 질문입니다. 이것은 과업의 가치를 개인적으로 평가하고 스스로를 설득하는 과정입니다. 큰 그림의 목표를 생각하는 것도 한 방법입니다. 예를 들어 과제를 끝냄으로써 졸업에 필요한 학점을 이수할 수 있다고 생각하는 것입니다. 좀 더 즉각적인 장점을 고려하거나 미래의 내 모습을 생각하는 것도 도움이 됩니다. 과업을 시작한 지 2분 된 내 모습이나, 일단 시작한 후 안도감을 느끼는 내 모습 등도 괜찮습니다. 아니면 과업을 끝내고 느낄 감정을 상상해도 좋습니다. 과업을 대하는 가치는 필요할 때 할 수 있는 능력이 있음을 아는 것입니다. 이를 통해 자기 신뢰 근육을 기를 수 있습니다.

성인 ADHD와 불안 다스리기

과업 정의 단계

ADHD가 없는 성인은 '집 청소'처럼 넓게 정의된 과업을 처리할 수 있습니다. 그 이유는 머릿속에 계획을 세우고 이를 단계별로 쪼갤 수 있기 때문입니다. 이렇게 단계를 쪼갠다는 것은 '먼저 이걸 하고 다음에 이걸 하자'하는 식의 행동 순서를 정하는 것을 의미합니다(예: 먼저 식기세척기를 비우고, 더러운 그릇을 넣은 다음 작동시킨다.).

머릿속에 생각과 이미지, 작업 순서, 시간을 넣는 것은 실행 기능과 관련 있습니다. 이 때문에 ADHD 성인들의 경우 과업 순서를 적는 것이 최소한 착수에 도움이 되는 것입니다. 이러한 가시적 순서 만들기의 목적은 행동 대본 또는 요리법을 제공함으로써 '하고 싶은 기분이 들지 않아도 이 단계를 수행할 수 있어.'라는 대처 사고를 촉진하는 것입니다.

가장 작은 시작 단계는 무엇인가?

가장 첫 번째 단계는 목표 지점으로서 특별한 주의를 필요로 합니다. 이 단계는 과업에 '손을 대고' 일을 하지 않음에서 일을 하는 상태로 전환하는 단계입니다. 이 단계는 또한 추상적인 계획을 실행으로, 의도를 행동으로 변모시키는 단계입니다. '부엌 청소'로 예를 들면, 구체적인 작업은 '식기세척기 비우기'와 후속 단계입니다. 최초 착수 단계는 '식기세척기 문 열기'입니다. 이 단계를 수행한 후 중단할 수도 있겠지만, 일단 과업에 '손을 대면' 계속해서 진행할 가능성이 높습니다.

과업 수행 장소로 몸을 옮기는 것('부엌으로 가기')도 훌륭한 첫 단계입니다. 이러한 단계는 목표 지점에서 개인에 맞춘 구체적이고 실행 가능한 단계입니다. 불안으로 불편하다 하더라도 이러한 단계는 수행 가능합니다. 이러한 단계는 노출 단계로도 작용합니다. 스포 하나 할까요? 업무, 숙제, 집안일을 포함해 무엇이든 일이라고 느껴지는 것들은 원래 하고 싶은 마음이 들지 않는 법입니다(Jaffe 2013).

이러한 방법을 통해 몰입 단계로 넘어갈 수 있을 것입니다. 반드시 해야 하는 과업은 노력이 필요하지만 성취감은 보람 있을 것입니다. 과업을 완수하고 문제를 해결하는 등의 성취가 가져다주는 감정은 지연된 보상 감정이기 때문에 과소평가하는 경향이 있을 수 있습니다(예: Hofmann 2016). 그렇다 해도 작은 단계를 통해 일단 착수하면 안도감을 느낄 수 있습니다. 설사 '그래…. 그냥 해 버리자.' 하는 체념일지라도 말입니다. 일단 시작하면 기분이 나아질 것입니다.

다음에 해결해야 할 문제는 과업을 언제, 얼마나 오랫동안, 어디서 수행할지에 대한 세부 사항입니다.

언제 할 것인가?

'언제?'에 대한 대답은 자신과의 약속입니다. 특정일 특정 시각에 그 일을 하기로 약속하는 것입니다. 이렇게 미리 약속을 해 두면 즉석에서 계획을 세우는 데 따른 인지 부하가 줄어듭니다. 일일 플래너에 일정을 기록해 두면 늘 항상 머릿속에서 기억하려고 노력하는 대신 해당 시점이 올 때까지는 잊고 마음의 짐을 덜 수 있습니다(Levitin 2014). 아울러 '지금 해야 할까, 아니면 나중에 해야 할까?' 하고 갈팡질팡하는 인지적 부하도 줄일 수 있어 정신적인 피로와 지금/나중 회피 반응도 방지할 수 있습니다.

2장에서 언급한 '충분하다.'는 마음가짐도 도움이 됩니다. 이러한 마음가짐을 가지게 되면 상황이 완벽하지는 않지만 시작에는 충분하다는 생각을 갖게 됩니다. 충분하다는 마음가짐을 통해 자신이 계획에 착수하기에 충분한 집중력, 에너지, 효용감이 있으며 능력도 충분하다고 생각하게 됩니다. 이는 스스로를 과소평가하는 마음을 상쇄합니다.

얼마나 오래 할 것인가?

시작 시각과 종료 시각이 정해진 과업을 통해 지금/나중 사고를 상쇄할 수 있습니다.

과업 수를 최소화하거나 현실적인 과업 수를 정하는 등 과업을 제한하는 것도 좋은 방법입니다. 과업 제한 사고방식은 '이 과업이 예상한 대로 끔찍한 경우 나는 얼마나 많이, 얼마나 오래 집중할 수 있는가?'라는 질문에 답하는 방식입니다.

예전에 굉장히 긴 시간 동안 놀라울 정도로 생산성을 발휘했던 순간이 있었을 것입니다(마감 직전 밤새는 경우는 제외합니다.). 예를 들어, 네 시간 동안 일하거나 집안일을 한 적이 있을 것입니다. 아마 처음부터 그렇게 오랜 시간 일할 계획은 없었겠지만, 일단 시작하고 나니 관성이 생겨 그 기세를 타고 계속했을 가능성이 큽니다. 그렇지만 좋아하는 일이라고 해도 네 시간짜리를 미리 생각하는 것은 부담스럽습니다. 따라서 합리적으로 한정된 계획을 세우는 것이 좋습니다. 하지만 계속할 의욕이 생길 경우를 대비해 여유 시간을 남겨 두면 좋습니다.

어디서 할 것인가?

과업을 수행할 장소를 고르십시오. 집 책상이나 도서관 등 실행할 장소를 정하면 계획의 실행 가능성과 구체성을 강화하게 되며, 자신에게 맞는 목표 지점과 그곳으로 가기 위한 첫 단계를 생성하게 되는 것입니다. 일련의 후속 단계를 통해 불안을 줄이고 작업 모드에 더 쉽게 들어갈 있게 됩니다. 또한 현재 해야 할 일에 대한 기억과 과업을 촉진하는 연상작용을 불러일으키게 됩니다. 심지어 동기가 체념('휴…. 그냥 해 보자.')일지라도 말이지요.

실행 계획은 무엇인가?

실행 계획은 특정 과업에 대한 실행 선언입니다(Gollwitzer & Oettingen 2016).

"내가 X라는 행동/상황을(에) 하게 되면(닥치게 되면), 나는 Y(목표 중심 행동)로 대응할 거야."

실행 선언을 만들 때는 과업 계획 요소-언제, 어디서, 무엇을, 왜, 얼마나 오랫동안-를 고려하십시오.

과업 계획 요소를 파악하면 실행 준비가 된 것입니다. 실행 계획은 착수에 이상적입니다. 이 계획은 '책상에 앉으면 30분 동안 보고서를 쓸 거야.'처럼 과업 시작에 필요한 필수 첫 단계가 포함되어 있습니다. 실행 계획은 특히 도피에 취약한 휴식 시간이나 방해 시간 후에 과업을 재개하는 데 사용할 수도 있습니다.

실행 계획은 유용하지 않은 행동을 줄이는 방향으로 작성할 수도 있습니다. 예를 들어 회피-도피 위험을 예상해 '하지 않기' 계획을 만들 수도 있습니다. 자신이 충동적으로 온라인 쇼핑을 하는 성향이라면 '내가 온라인 쇼핑을 하고 있는 것을 깨달으면 일단 중단하고 원래 하던 일로 돌아가서 정해진 종료 시점까지 재작업을 할 거야.'라고 정할 수 있습니다.

미루기 방지 계획 연습하기

연습 시간입니다. 미루기 방지 계획을 연습할 기회를 드리겠습니다.

연습하기

자신과 관련 있는 미루기 예를 사용해 다음 질문에 답해 보세요. 최근이나 지금 현재 미루고 있는 과업을 예로 들어 보세요.

하고자 하는 것을 정의하십시오.
하고자 하는 것에 관한 다음의 세 가지 질문에 답하십시오.

나는 무엇을 안 하고 있는가?

왜 그 일을 해야 하는가?

그 일은 내게 무슨 가치가 있는가?

과업을 정의하십시오.
다음 단계를 따라 과업을 정의하십시오.

가장 작은 시작 단계는 무엇인가?

언제 할 것인가?

성인 ADHD와 불안 다스리기

얼마나 오래 할 것인가?

어디서 할 것인가?

실행 계획은 무엇인가?

　어땠나요? 가치 평가, 과업 범위 설정, 실행 선언 작성하기 중에서 자신에게 가장 잘 맞는 방법을 발견하셨을 수도 있습니다. 특히 난이도가 높은 과업의 경우 모든 단계를 반복적으로 수행하는 것도 한 방법일 수 있습니다. 이러한 방법을 통해 자신이 과업을 미룰 때마다 어떤 일이 있었는지를 파악해 앞으로 앞으로는 해당 행동을 하지 않게 될 것입니다.

　아래에서는 미루기 방지 계획에서 CBT가 도움이 될 수 있는 부분을 소개하겠습니다. 미루지 않기 위한 의지를 방해하는 장애물을 다루는 방법을 집중적으로 다루겠습니다.

과업 계획을 유지하는 방법은?

이 장에서 다룰 CBT 기술은 이미 연습해 본 적이 있습니다. 이제 미루기에 맞게 조정한 CBT를 연습해 보도록 하겠습니다. 잘 설계된 과업 계획을 성공적으로 수립해 본 경험이 있으실 겁니다. 23시간 59분 동안 계획 수행 의지에 불탔다가 실행 시점이 되자 갑자기 하기가 싫어져서 이메일을 체크하거나 책상을 치우거나 냉장고 정리를 한 경험이 있을 것입니다.

미루기는 매우 중요한 문제이므로, 미루기 맞춤형 CBT 기술을 연습할 수 있는 문제를 드릴까 합니다.

인지 영역: 나는 과업을 피하기 위해 무슨 생각을 하는가?

많은 종류의 생각이 과업 예상을 포함해 몰입과 후속 단계를 방해합니다. ADHD 성인에게 있어 작업 전부터 완벽해야 한다는 생각('나나 상황이 완벽하지 않으면 아예 시작도 않는 게 나아.')은 일반적으로 미루기를 초래합니다. 'X라면 Y한다.'에 반하는 실행 선언이 도출됩니다. 이러한 시작 전 완벽주의는 과업이라고 생각하는 모든 것에 대한 불편한 감정에 의해서도 촉발됩니다.

반대 실행 선언을 생각해 봅시다. '환경이 적절하고 내가 완벽하다면 기분이 나쁘지 않을 거야. 과업을 빨리 고통 없이 해 버릴 거야.' 불행하게도 이러한 비현실적인 마음가짐은 오히려 미루기를 초래하는 감정을 일깨웁니다.

완벽하려는 노력 그 자체가 불안을 유발합니다. 과업에 몰입하기 위해 불편감을 대면하는 능력을 과소평가하게 됩니다. '충분함'에 날개를 달아 착수를 하고 나중에 더 만족감을 느끼는 성취감을 얻는 것을 목표로 해야 합니다.

연습하기

다음은 미루는 습관을 피하고 실행과 성취로 나아가도록 사고방식과 관점을 유도하는 질문들입니다. 이 질문을 통해 하던 일을 잠시 멈추고 자신의 기대를 기록하고 평가할 수 있습니다. 또한 이 과정을 통해 자신의 관점을 의도와 가치에 더 잘 맞추도록 조정할 수 있습니다.

나는 내 과업 계획에 대해 어떻게 생각하고 있는가?

내 생각이 왜곡되었거나, 내 능력이나 '충분함'을 과소평가하고 있지는 않은가?

약간의 불편함을 견디고 작업을 시작할 수 있는가?

내 과업 계획과 관련한 최악의 시나리오는 무엇인가? 최상의 시나리오는? 가장 가능성이 높은 시나리오는?

이 과업과 이 과업이 주는 가치를 대면함에 있어 유용한 마음가짐은 무엇인가?

인지적 기술은 계획을 실행하고 결과를 도출하기 위해 자기 신뢰를 형성하면서 불편을 정상화하고 수용하는 데 집중합니다. 불편감과 스트레스가 없는 상태가 몰입과 후속 활동을 하기 위해 반드시 필수적이거나 바람직한 전제 조건은 아닙니다. 자신에게 중요하지 않은 일은 하고 싶을 이유가 없습니다. 지금부터는 의도를 방해하는 도피 행동을 다루도록 하겠습니다.

행동 영역: 나의 도피 행동은 무엇인가?

지연 행동과 회피-도피와 같은 미루기는 행동 영역에 해당합니다. 미루기 방지 계획에는 우선순위 과업을 구체적이고 목표 지점에서 실행 가능하도록 만드는 전술을 제시합니다. 그러나 미루기를 초래하고 궤도에서 벗어날 수 있는 여러 산만한 요소에 대응할 준비도 해야 합니다.

연습하기

이 질문들을 통해 과업 계획에 몰입하고 미루는 유혹에 굴복하지 않도록 성찰할 수 있습니다.

나의 전형적인 회피 행동은 무엇인가? 디지털 방해 요소는? 미루기 활동은?

유혹과 방해 요소를 어떻게 제거하거나 처리할 수 있을까? 나는 이를 어떻게 견딜 수 있나?

내 과업 계획에서 몰입에 가장 큰 도움이 되는 행동 단계는 무엇인가요?

성인 ADHD와 불안 다스리기

계획을 시작하고 따르면 미래의 나는 얼마나 만족스러울까?

이 질문들 중 일부는 인지 및 감정 영역 모두와 관련이 있습니다. 시간을 제한하는 설정과 일정 계획(날짜/시간/장소)은 작업을 구체적이고 실행 가능한 용어로 정의하기 때문에 인지 영역에 속합니다. 반면, 감정 영역은 불안감에서 비롯된 잠재적 장애물을 극복하는 것과 더 직접적으로 관련됩니다.

감정 영역: 내 감정이 과업을 어떻게 방해하는가?

불안의 핵심적 특징은 불확실성을 견디지 못한다는 것입니다. 계획이 어떻게 실현될지는 100% 확신할 수 없습니다. 특히 ADHD 성인들은 일이 계획대로 잘되지 않는 것을 많이 경험했습니다. 그러나 불확실성은 부정적으로 편향되어 있으며 (Tierney & Baumeister 2019) 희망적이고 낙관적인 측면을 가치절하합니다. 이 책에서 배우는 기술은 인생을 긍정적인 방향으로 끌고 갈 수 있습니다.

불쾌한 감정에 직면하는 것은 해당 감정, 그 감정의 영향, 나에게 미치는 의미를 인식하고 이것들에 이름을 붙이는 것에서 시작합니다. 감정에 이름을 붙이면 뇌의 감정 체계를 완화하기 때문에 감정 관리에 효과적입니다(Barrett 외 2001; Brooks 외 2017; Lieberman 외 2007). 이러한 연습을 통해 감정을 정확하게 파악하고 대응함으로써 미루기를 통해 회피하지 않고 원궤도를 유지할 수 있게 됩니다.

연습하기

아래 질문은 감정을 인식하고 명명하는 연습을 위한 질문입니다.

내 과업 계획에 대해 어떻게 느끼고 있나요?

내 기분은 어떤 어휘로 설명할 수 있나요?

성인 ADHD와 불안 다스리기

내 기분에 적절한 표현 이름을 붙일 수 있을까요? 예를 들어 "이것은 '숙제가 하기 싫어서 나는 짜증'이야." 등 입니다.

내 감정과 연관된 신체적 감각은 무엇인가요?

이러한 감정은 내게 어떤 정보를 주나요? '불확실성' 또는 '리스크'와 같이 이러한 감정은 주제가 있나요?

주문은 스스로 집중하기 위해 자기에게 반복해서 되뇌는 말입니다. 개인적인 주문을 외우면 유용하지 않는 생각에 의식적으로 대응할 수 있게 됩니다. 아래의 주문 예를 통해 감정을 처리하고 과업 계획을 지속해 나갈 수 있습니다. 한 번 읽어 보고 자신에게 맞는 주문을 생각해 보세요.

- 나는 기분을 바꾸려고 노력하지 않고도 감정을 알아챌 수 있다.
- 이런 감정은 불쾌하지만 해롭지는 않다.
- 이런 느낌은 원치 않지만 수용할 수 있다.
- 불편감은 내가 하고 싶지 않은 과업을 대면할 때 느끼는 정상적인 감정이다.
- 일단 시작하면 기분이 나아진다.

자신의 작업 계획에 방해가 되는 불편함과 생각을 계절성 알레르기나 까끌한 스웨터처럼 계획을 방해하지 않는 성가심으로 재구성할 수 있습니다. 미루기 방지 전략의 궁극적인 목표는 행동의 지속성입니다. 이를 위해 실행 선언을 활용하면 행동적 몰입(그리고 작업에서 벗어났을 때 재몰입)을 촉진할 수 있습니다.

실행 영역: 미실행에서 실행으로 전환하는 방법은?

이 실행 영역은 미루기 방지 계획의 일환입니다. 시작하려면 자신의 'X라면 Y한다.' 실행 선언을 다시 한 번 검토하고, 자신의 실행 계획이 유혹을 물리치거나 휴식 또는 방해 후 다시 제자리로 돌아오는 데 어떻게 도움이 되는지를 생각합니다.

과업과 관련된 상황 몇 가지를 생각해 보고, 그 상황에서 'X라면 Y한다.'라는 실행 선언이 어떻게 자신과 관련될지 고민해 보세요. 이러한 문구를 작성해 두면 유용할 것입니다. 몇 가지 예시는 다음과 같습니다:

• 휴식 후 과업으로 복귀하기
• 방해 요소 처리하기
• 주의 산만과 같은 ADHD의 영향 관리하기

미루기 방지 계획은 대인 관계나 사회 영역에도 영향을 미칠 수 있습니다. 성인 ADHD 환자들은 종종 타인이 포함되거나 이들에게 영향을 미치는 계획을 더 잘 이행하는 경향이 있습니다. 스터디 파트너와 함께하는 계획이 한 예입니다. 다음 섹션에서는 계획과 실행의 사회적 측면에 초점을 맞춥니다.

대인 영역: 나의 미루기는 타인에 어떤 영향을 주는가?

계획과 미루기 사이에서 갈등이 자주 일어납니다. 물론 그 결과는 타인이 알지 못할 수 있습니다. 하지만 당신이 하는 일 또는 하지 않는 일이 다른 사람들에게 영향을 미칠 때, 미루기 문제는 더 이상 혼자만의 문제가 아닙니다.

다른 사람들과 함께 하거나 일하는 것이 계획 실행에 도움이 될 수 있습니다. 예를 들어, 스터디 파트너처럼 특정 과제를 함께 할 사람을 모집하거나 책임 파트너를 두면 양쪽 모두 계획 실행에 도움이 됩니다. 일부 ADHD 성인들은 집의 방해 요소를 피하고자 도서관, 커피숍 또는 다른 장소에서 작업하는 것이 유용하다고 느낍니다. 다른 사람들의 존재가 과업 집중에 도움이 되기 때문입니다.

과업 평가 시 인간 관계를 포함할 수 있습니다. 예를 들어, 업무팀과 같이 타인에 대한 책임을 생각하며 과제에 동기 부여할 수도 있습니다. 또한, 주말에 배우자와 여행을 떠나기 전에 프로젝트를 완료해야겠다는 동기가 생길 수도 있습니다. 일부 ADHD 성인들은 SNS에 자신이 할 일(예: 세차하기)과 결과를 올리기도 합니다.

다음 질문들은 자신의 과업 계획이 사회에 미치는 영향을 고려하는 데 도움이 됩니다.

이 과업이 내 사회 생활과 어떻게 관련이 있나요?

이 과업이 직장, 학교, 가족/개인 관계에 어떻게 도움이 될까요?

어떤 관계들이 나의 과업 가치를 높여 스스로를 동기부여할 수 있을까요?

함께 하는 사람, 사회적 환경, 타인의 도움이 내 과업 계획 실행에 도움이 되나요?

같은 상황인 친구가 있다면 어떻게 도울 수 있을까요?

자기연민은 관계 영역입니다. 자신과의 관계를 돌보는 것이기 때문입니다. 피할 수 없는 미루기 실수에서 회복이 가능하도록 해 주는 중요한 기술입니다.

이 책에서 제시하는 미루기 방지 계획과 다른 기술들은 자신을 어떻게 활용할지에 대해 현명한 결정을 내리는 데 도움이 되도록 설계되었습니다. 우선순위가 아니거나 과업과 무관한 활동이라고 해서 다 미루기는 아닙니다. 자신이 통제할 수 없는 요인으로 인해 계획 수정이 필요할 때 수정이 가능하도록 일일 플래너와 할 일 목록을 갖추는 것이 좋습니다.

연습하기

이 연습을 통해 미루기 방지 계획에 대한 잠재적 장벽에 대처해 보십시오. 아울러 회피-도피 성향을 물리치면서 의도, 능력, 자기 신뢰를 강화할 수 있습니다.

인지 영역

나의 과업 계획에 대해 어떻게 생각하나요?

내 생각이 왜곡되었거나, 나의 능력이나 '충분함'을 과소평가하고 있지는 않은가요?

약간의 불편함을 견디고 과업에 착수할 수 있나요?

내 과업 계획이 최악이었던 경우는 어떤 경우였나요? 최고인 경우는 어떤 경우였나

요? 가장 흔히 발생했던 경우는 어떤 경우였나요?

과업과 그 과업이 내게 주는 가치를 직면함에 있어 가장 유용한 마음가짐은 무엇인
가요?

행동 영역
나의 전형적인 도피 행동은 무엇인가요? 디지털 기기? 지연 활동?

주변의 유혹과 방해 요소를 제거하거나 감당하는 방법은 어떤 것이 있나요? 어떻게
유혹을 억누르나요?

나의 과업 계획에서 몰입에 도움이 되는 실행 단계는 무인가요?

내 계획을 따랐을 때 '미래의 나'는 얼마나 만족스러울까요?

감정 영역

내 과업 계획에 대해 지금 어떤 기분이 드시나요?

내 감정을 어떤 단어를 써서 표현할 수 있을까요?

내 감정에 개인화된 이름을 붙일 수 있을까요?

내 감정과 연관된 신체적 감각은 무엇인가요?

이러한 감정이 나에게 어떤 정보를 주고 있나요? 이 감정에 주제가 있나요?

실행 영역

미루기 방지에 도움이 되는 'X라면 Y한다' 실행 선언은 어떤 것이 있나요? (이 문구에
는 하지 말아야 할 행동을 포함해도 됩니다.)

대인 영역

이 과업은 내 사회 생활과 어떤 관련이 있나요?

이 과업이 직장/학교/가정에서의 관계에 어떤 도움이 될까요?

어떤 관계들이 나의 과업 가치를 높여 스스로를 동기부여할 수 있을까요?

함께 하는 사람, 사회적 환경, 타인이 도움이 내 과업 계획 실행에 도움이 되나요?

같은 상황인 친구가 있다면 어떻게 도울 수 있을까요?

계획에 착수하려면 온전히 그럴 기분이 들어야 하는 것이 아님을 명심하십시오. 과업 완료 시 느낄 안도감과 만족감을 상상하십시오.

정리

미루기는 ADHD 성인이 가장 흔하게 겪는 문제입니다. 의도를 약화시킴으로써 목표 달성에서 멀어집니다. 미루기의 사악한 점은 이것이 지극히 개인적인 것이라는 점입니다. 스스로 목표를 달성하고 노력해야 합니다. 의도와 목표는 자신에게 중요한 사안입니다. 이것들은 자아와 관련이 있습니다.

미루기와 시간 관리는 인간 관계와도 관련이 있습니다. 6장과 7장에서 성인 ADHD-불안 연결 중 대인 영역을 집중적으로 다룹니다. 6장에서는 ADHD가 인간 관계에 주는 영향과 원하는 관계를 파악할 수 있도록 이전 장에서 다룬 기술을 심화합니다. 타인과 건강한 관계를 맺는 법도 다룹니다. 7장에서는 거절 민감성과 기타 스트레스를 주는 환경을 관리하기 위한 기술에 초점을 맞춥니다.

성인 ADHD와 불안 다스리기

제6장

사회 생활과 관계에서의 사회적 자본

수업 시간에 멍하게 있다가 선생님의 지적을 받은 적이 있나요? 친한 사람과 한 약속을 까맣게 잊은 적은 없나요? 비행기 탑승을 마지막에 한다든가 유치원에 아이를 가장 늦게 데리러 가서 원성을 들은 적은 없나요?

이러한 예는 ADHD 성인이 경험하는 사회적 관계에서의 취약점입니다. 많은 경우 이러한 어려움은 사적으로 일어나지만 ADHD와 관련이 있다는 점은 명확합니다. 이러한 실수는 타인에게 영향을 주기도 하고, 이들과의 관계도 잠재적으로 악화시킬 수 있습니다. 멍하니 있는데 선생님이 질문을 해서 정신을 차리면 반 친구들이 당신을 보고 낄낄거리고 있기도 할 겁니다. 상사와 동반자로부터 짜증난 눈길을 받을 적도 있을 것입니다. 사람들은 격려하는 말을 하지만 '그렇지만'이라는 단서를 붙입니다. 이런 말들을 많이 들었을 겁니다.

"잘 했어요. 그렇지만 이미 늦었어요."
"우리 우정은 소중해. 그렇지만 매번 늦는 것은 무례해."
"사랑해요. 그렇지만 ADHD 핑계는 더 이상 듣고 싶지 않아요."

이 장은 ADHD 성인이 사회를 살아가는 데 필요한 대처 기술에 중점을 둡니다. 앞부분에서는 구체적이고 목표 지점에 실행 가능한 SAP 계획을 활용한 대략적인 관계 관리를 다루고, 사회적 자본을 정의하며 관계에서의 계좌 개념을 설명하도록 하겠습니다. 사회적 자본을 인간 관계와 자신의 구체적인 역할을 이해하는 기본틀로 활용하는 방법을 설명해 드리겠습니다. 이어서 사회적 감정과 더불어 감정 조절 기술을 적용하는 연습을 해 보도록 하겠습니다. 다른 감정과 마찬가지로 사회적 상황에서의 불안과 민감성도 그 신호와 의미를 해석할 수 있습니다. 이를 바탕으로 관계 관리를 위한 구체적이고 실행 가능한 전략을 적용해 보도록 하겠습니다. 여기에는 자신과 관계를 맺는 방법인 자기 연민도 포함됩니다.

사회적 자본이란 무엇인가?

사회적 자본은 인간 관계를 다른 사람과 함께 개설한 공동 금융 계좌에 비유한 개념입니다(Ramsay 2020). 다른 사람과의 관계, 즉 이 공동 계좌는 일련의 저축과 인출로 구성되어 있습니다. 이는 다양한 관계에서 주고받는 기대를 반영합니다. 자본, 즉 공유 자산이라는 개념은 다양한 원칙이 있는 다양한 사회 영역과 관계 내에서의 상호 기대치를 이해하는 기본 틀을 제시합니다. 사회적 자본 비유는 다른 사람들과의 관계를 살피고 평가하고, 유지하고 조정하며, 경우에 따라 계좌를 폐쇄하는 방법을 의미합니다. 그리고 이 모든 것은 ADHD 성인에게는 문제가 됩니다.

대부분의 관계는 상호 절충이 포함됩니다. 즉, 두 사람(또는 그 이상)이 함께 노력하고 기여하여 그 관계에서 어떤 이익을 얻거나 상쇄하는 과정을 의미합니다. 이러한 관계는 건강한 주고받기가 있어야 모두가 이익을 보고 유대관계(계좌)를 유지할 수 있습니다. 그런데 ADHD가 있으면 자신이 필요로 하는 것을 만족시키면서 상대방이 필요로 하는 것을 유지하기가 쉽지 않습니다. 이 두 가지는 모두 중요한 기술입니다. 그러나 현실적으로는 상대방이 공정하지 않거나 신뢰할 만하지 않거나 유해한 경우가 있음을 사회적 감각을 통해 알아차릴 수 있어야 합니다. 감정은 이러한 사회적 감각에 있어서 중요한 역할을 합니다.

감정 영역에는 사회적 감정이 존재합니다. 사회적 감정은 사회 자본 계좌를 관리하고 조정하는 데 필요한 접착제라 할 수 있습니다. 예를 들어 업무 회의에 너무 늦게 도착하면 당황스러울 것입니다. 이러한 감정은 시간을 지켜야 한다는 기대를 충족하지 못했음을 의미합니다. 이러한 감정을 갖게 되면 자신의 계좌 잔액을 조정해 다음에 일찍 올 수 있게 됩니다. 반면, 상사의 칭찬은 공동 사회 자본이 저축된 것으로 볼 수 있습니다. 그로 인한 자부심과 성취감은 그 일을 계속 하게 되는 동기부여가 됩니다.

사회적 감정은 영향력이 있으며 강력할 수 있습니다. 일이 잘 풀리고 계좌가 균형을 이룰 때는 좋지만, 일이 잘 풀리지 않거나 잘 풀리지 않는 것처럼 느껴지면 감정의 압박을 느낄 수 있습니다. 직장이나 학교에서의 관계는 친구, 가족, 연인과의 관계와는 다릅니다. 다양한 관계 그룹은 기대, 기준, 원칙도 다릅니다. 예를 들어 직장에서는 너무 사적으로 굴면 안 되고, 집에서는 지나치게 명령조로 행동해서는 안 됩니다.

다양한 관계 그룹

직업적 삶과 개인적 삶에 있어 다양한 어려움이 있기 때문에 ADHD 대처 기술을 이에 맞게 조정하는 것이 도움이 됩니다. Haidt(2006)는 두 가지 사회적 벡터를 제안했습니다. 개인 관계의 소속감 벡터와 직장, 학교, 기타 실적 기반 배경의 지위 벡터가 그것입니다.

소속감 벡터는 개인적인 교감과 지지를 받는 유대관계로 구성되어 있습니다. 친구, 가족 등 애정 어린 관계입니다. 이 그룹에는 가족, 연인, 친구, 친한 이웃 등이 포함됩니다.

소속감 벡터는 어느 정도 주고받기가 확립된 관계 계좌입니다. 이 관계에 있는 사람들은 정직하고 신뢰할 수 있으며 당신을 선의로 대하는 사람입니다. '내가 네 등을 긁어 주면 너도 내 등을 긁어 주겠지.'라는 호혜적 이타주의 기대가 있습니다. 부모와의 관계와 같이 가장 가까운 관계에서는 빚 탕감과 같이 상대방에 대한 무조건적 긍정적 존중도 있습니다.

지위 벡터는 직장, 학교, 실적이나 생산성 기대가 있는 기타 배경이나 역할을 포함합니다. 학생과 선생, 종업원과 상사, 봉사 단체 회원 등이 그 예입니다. 지위 벡터는 사회 위계, 평판, 다른 사람과 비교한 지위에 초점을 맞춥니다. 위계라는 개념은 정상에 있지 않다면 실패했다는 인상을 주므로 냉혹하게 들릴 수 있습니다. 그러나 넓게 보면 자신의 역할을 수행하는 것을 위계로 볼 수 있습니다.

지위 벡터에 따라 역할을 충실히 이행하는 것은 정시에 출근하고 업무를 수행하는 것처럼 간단할 수도 있고, 사람들을 조직하고 관리함으로써 사업을 운영하는 것처럼 복잡할 수도 있습니다. 좋은 평판을 유지하는 방

성인 ADHD와 불안 다스리기

법도 여러 가지입니다. 예를 들어 전문가인데 까칠한 사람과 능력은 조금 떨어지는데 팀과 협업을 잘 하는 사람은 둘 다 그룹의 필요와 역할을 충족하는 데 필요한 사람들입니다. 아래 표를 보면 지위 벡터의 사회 위계와 소속감 벡터의 호혜적 이타주의의 상세한 특징을 알 수 있습니다.

사회적 벡터 특징

지위 벡터 - 사회적 위계	소속감 벡터 - 호혜적 이타주의
사회적 평판 조직 성과 기준 조직 사회/정치 기준 위계/서열 직업적 관계 - 동료, 멘토/멘티 행정 조정, 동맹 상쇄, 윈윈 커뮤니케이션(언어적/비언어적)	개인 유대관계 그룹 맥락에서 사회 기준(예: 가족) 충성심 정직 호혜 신뢰 선의의 대응/눈에는 눈, 이에는 이 커뮤니케이션(언어/비언어) 조정, 수용, 무조건적 긍정적 존중 공조 조절

성찰하기

자신의 관계와 사회 자본 계좌를 생각해 보세요. 대처 기술이 개선되면 도움이 될 만한 스트레스 요인을 생각해 보세요. 강력하고 지지를 받고 있으며 유대관계가 잘 형성되었다고 느껴지는 관계 계좌를 적어 보세요.

대부분의 사회적 실수는 의도한 것이 아니고 ADHD 증상일 가능성이 높지만, 감정적 반응은 강할 수 있습니다. 이러한 반응에는 다른 사람들이 자신에 대해 어떻게 생각할지, 그리고 그들과의 관계에서의 자신의 위치가 어떻게 될지 등에 대해 스트레스를 받거나 걱정하는 것이 포함될 수 있습니다. 때로는 뭘 잘못했는지 모르겠는데 예상치 못한 다른 사람들의 반응에 당황할 수도 있습니다. 다음 섹션에서는 관계를 돌보는 과정의 일부로서 이러한 사회적 감정에 초점을 맞출 것입니다.

사회적 감정과 관계

인간의 실행 기능은 점차 확장되는 비혈연 인간 집단에서 살아남기 위해 진화했습니다(Barkley 2012; 2015). 생존을 위한 투쟁에서 협력과 성과가 생사를 가르는 결과를 가져오는 경우 타인과 함께 잘 일하고 잘 놀 필요성이 증가했습니다.

현재 상황은 그렇게 극적이지는 않지만 관계는 여전히 중요합니다. 사회적 감정은 특히 혈연 관계가 아닌 사람들과의 동맹에 영향을 줍니다. 또한 사람들이 제도를 속이거나 선의로 행동하지 않을 때 경고음을 냅니다. 따라서 우리의 감정은 다양한 환경과 역할에서 다른 사람들의 마음을 읽고 이들에 대응하도록 맞춰져 있으며, 이는 감정적 자기 조절을 통해 이루어집니다.

ADHD의 일관성 있는 비일관성은 자신의 역할과 관계의 요구 사항을 관리하는 데 자주 방해가 됩니다. 미묘한 사회 규칙과 신호를 읽기가 힘들기 때문입니다. 즉, 사회적 상황에서 다른 사람의 반응과 기분을 읽는 것이 쉽지 않고, 타인에 대한 자신의 감정적 반응을 해석하고 효과적으로 관리하는 데 어려움을 겪을 수 있습니다. 이러한 어려움은 어린 시절에도 다른 집단 상황에서 나타났을 수 있습니다. 예를 들어 자신의 차례를 기다리는 것이 짜증이 났던 경험이 그것입니다. 이러한 어려움은 성인기까지 이어져 다른 사람이 말을 하고 싶어 하는 것을 알아차리지 못하거나 건설적 피드백을 받을 때 흥분하는 형태로 나타날 수 있습니다. ADHD 관련한 사회적 어려움의 결과로 흔히 언급되는 두 가지 반응은 죄책감과 수치심입니다. 죄책감은 사회적 실수를 저지르는 등 잘못을 했을 때 느끼는 당황스러운 감정을 반영합니다. 수치심은 더 심각한 규범이나 기준을 위반했을 때(또는 그렇게 생각했을 때) 느끼는 고통스러운 감정으로 굴욕감이나 체면을 잃는 것으로 나타납니다.

관계가 좋으면 다른 사람과 있을 때 안정감을 느끼고 최고의 상태를 발휘합니다. 그렇지만 상황이 잘 풀리지 않고 다른 사람들과 있을 때 불안감을 느낄 때는 스트레스와 불안에 더 취약해집니다. 극단적인 경우 안전하지 못하다고 느끼면 완전히 마음을 닫고 물러날 수도 있습니다. 사회적 감정은 은행에서 보내오는 잔액 통지서와 같습니다. 다른 사람과의 관계에서 자신의 위치에 대한 신호를 제공하며, 사회 집단에서 도덕성과 양심을 지키도록 안내합니다(Wright 1994). 예를 들면 공동체의 규범을 준수하도록 안내하는 역할을 합니다. 여기서 공동체는 이웃, 직장, 반, 가정 등을 포함합니다.

불안이 유사한 위험과 불확실성 주제를 공유하듯이 사회적 감정도 대인 상황을 바라보는 관점을 이해하는 주제가 있습니다. 자신과 타인에 대한 인식은 자신의 사회 자본 계좌를 이해하는 방법을 결정합니다. 사회적 감정과 그 주제를 사회적 정보 측면에서 살펴봅시다.

사회적 감정 예

다음은 사회적 상황에서 긍정적인 사회적 감정과 그 주제의 예시입니다.

- 감탄: 타인이 제공하는 가치를 인식하는 것
- 애정: 애착 감정. 누군가를 좋아하거나 그 사람과 함께 있는 것을 좋아하는 감정
- 야망: 지위 추구를 포함해 성취를 위해 노력하는 것
- 연민: 고통 받는 사람과 조용히 함께 있는 것
- 공감: 타인에 대한 관심을 느끼고 표현하는 것
- 감사: 호의에 대해 감사함을 느끼는 것 - 이 감정은 호혜성을 유도합니다.
- 영감: 다른 사람의 행동으로부터 에너지를 얻거나 동기를 부여 받는 것
- 사랑: 깊고 지속적인 애정과 존중을 느끼는 것
- 자부심: 무언가를 잘 해냈을 때 느끼는 긍정적인 감정을 즐기는 것
- 승리감: 경쟁자를 물리치는 것을 포함해 긍정적 성취를 즐기는 것

위 감정 중에서 자신에게 해당하는 감정에 동그라미 치세요. 위에 언급되지 않았지만 삶에서 느낀 지위와 소속감 벡터에 해당하는 다른 긍정적인 사회적 감정이 있다면 적어 보세요.

이제 불쾌한 사회적 감정과 주제에 대해 살펴봅시다.

- 혐오: 부도덕한 행동에 대한 도덕적 혐오감, 반감을 느끼는 것
- 당황: 비난받을 사회적 행동을 저질렀을 때(또는 그런 행동을 생각했을 때) 느끼는 어색함
- 질투: 타인과의 사회적 비교에서 느끼는 부정적이거나 열등한 감정
- 죄책감: 실수를 저지른 후(또는 그렇게 생각했을 때) 느끼는 후회
- 분개: 자신이 지키는 규범이나 도덕을 다른 사람이 위반했을 때 느끼는 의로운 분노
- 시기: 지위를 상실했다는 감정 또는 기회를 놓친 후 느끼는 패배감
- 분노: 타인에게 부당한 대우를 받았거나 공정하지 않다고 느낄 때 느끼는 화
- 수치심: 도덕적 실수를 저질렀다고 느끼거나(또는 그렇게 생각했을 때), 규범을 위반했을 때, 체면을 잃었을 때 느끼는 감정

참고로 거절은 감정이 아니라 사건입니다. 물론 거절은 슬픔, 불안, 분노와 같은 거절 감정을 불러일으킬 수 있는 사건입니다(Leary 외 1998).

성찰하기

위에 나열된 불쾌한 사회적 감정 중에서 공감되는 감정에 동그라미 치세요. 위에 언급되지 않았지만 삶에서 느낀 지위와 소속감 벡터에 해당하는 다른 불쾌한 사회적 감정이 있다면 적어 보세요.

관계에서의 실수 다루기

긍정적인 감정이든 불쾌한 감정이든 사회적 감정은 관계를 유지하고 잠재적으로 부적절한 행동을 막는 데 도움을 줍니다. 이들 감정을 통해 필요한 경우 수정 조치를 취하고 실수를 만회할 수 있게 됩니다. 예를 들어 친구와의 점심 약속을 잊은 경우 죄책감을 느끼고 재빨리 사과를 하고 참석 여부를 알리게 됩니다. 마찬가지로 친구에 대해 고마운 감정이 있으면 감사하다는 표현을 하고 보답할 기회를 찾게 됩니다. 이러한 감정은 우정 계좌에서 입출금을 관리해 장기적인 유지가 가능하도록 하는 사회적 접착제 역할을 합니다.

사회적 자본 비유를 폭넓게 적용해 인간 관계를 계좌로 생각할 수 있습니다. 그러면 목표 지점에서 구체적으로 실행 가능한 과업을 실행하는 SAP 계획을 관계에 적용할 수 있습니다. SAP 계획을 활용해 관계를 강화하는 과업을 완수함으로써 타인과 균형 잡힌 계좌를 유지할 수 있습니다. 이를 통해 타인과의 유대관계를 강화할 수 있습니다.

이전에 수행한 시간 관리 및 미루기 방지 연습에 다른 사람과의 관계가 포함되지 않았을 수도 있습니다. 지금부터 사건이 발생한 후의 사회적 감정을 살피는 연습을 하겠습니다. 이 연습은 다른 사람과의 지위 상실에 대한 사회적 불안을 포함해 자신의 감정을 관리할 수 있는 적응적 관점을 유지하는 것을 목표로 합니다.

연습하기

아래 예는 약속을 잘못 알고 엉뚱한 날 방문한 경우입니다. 이는 ADHD 성인 대부분이 겪는 문제이고 트렌트도 실제로 겪은 일입니다. 아래 답변은 트렌트의 답변입니다.

예 *트렌트는 복잡한 치과 대기실에 도착했습니다. 그런데 자신이 약속한 날짜가 아닌 엉뚱한 날짜에 방문했음을 알게 되었습니다.*

상황을 기술하고 어떤 일이 생겼는지 행동 어휘로 설명하십시오.
복잡한 치과 대합실에 도착해서야 내 진료 약속일이 다음 달임을 알았다. 한 달이나 일찍 온 것이다.

그 상황에서 어떤 생각이 들었나요?
다시는 그 치과에 못 갈 것이다! 거기 있는 사람들 다 나를 조용히 비웃고 나를 한심해하는 것 같았다. 나도 내가 한심했다.

어떤 기분이 들었나요?
그렇게 멍청한 실수를 하다니 당황했고, 이것 때문에 휴가까지 낸 나 자신에게 화가 났다.

어떤 사회적 감정이 들었나요?
당황, 그리고 나에 대한 수치심과 혐오. '나 같이 정신 없는 사람은 세상에 없을 거야.'라는 좌절감

그러한 반응은 어느 정도 적절했나요?

성인 ADHD와 불안 다스리기

내 반응은 매우 적절했다. 왜냐하면 내 잘못이니까. 저렇게 정신 없는 건 정말 짜증이 난다.

그러한 반응은 어느 정도 부적절했나요?
사실 한 달을 일찍 온 것이다. 물론 여기서 불편을 겪은 사람은 나밖에 없으니까 나한테 너무 심하게 대한 것 같기도 하다. 여전히 당황스럽기는 하지만 한 달 이른 게 늦은 것보다는 낫다.

앞으로 그 일을 반복하지 않거나 실수를 만회하기 위해서 어떤 행동을 하겠습니까? (해당하는 경우)
실수를 만회할 필요는 없다. 내 진료 약속을 확인했고, 플래너에서 확인했다. 예약 확인 문자를 보내 달라는 요청을 했다.

상황을 객관적으로 이해하고 앞으로 나아갈 수 있는 방법은 무엇입니까?
대기실에 있던 사람들은 아마도 이 상황을 잊어버렸을 것이다. 나만 그런 실수를 한 건 아닐 테니까. 내가 당황한 건 앞으로도 열심히 조직적이고 신뢰할 수 있는 사람이 되기 위해 노력하겠다는 뜻이다. 완벽한 사람은 없지 않은가.

나의 답:
이제, 자신의 예시를 사용하여 동일한 질문에 답해 보세요. 이 연습은 자동적인 반응을 재평가하고 객관성을 유지하는 데 도움이 됩니다.

상황을 기술하고 어떤 일이 생겼는지 행동 어휘로 설명하십시오.

그 상황에서 어떤 생각이 들었나요?

어떤 기분이 들었나요?

어떤 사회적 감정이 들었나요?

그러한 반응은 어느 정도 적절했나요?

성인 ADHD와 불안 다스리기

그러한 반응은 어느 정도 부적절했나요?

앞으로 그 일을 반복하지 않거나 실수를 만회하기 위해서 어떤 행동을 하겠습니까?
(해당하는 경우)

상황을 객관적으로 이해하고 앞으로 나아갈 수 있는 방법은 무엇입니까?

실수를 바라보는 새로운 관점은 그 실수의 심각성을 고려하는 것입니다. 비록 자신이 잘못했더라도 그 실수가 중범죄였나요? 경범죄였나요? 아니면 경고 수준이었나요? 주차 위반이나 무단 횡단 정도였나요? 객관적으로 생각하려 노력해 보세요.

자신의 실수를 심각하게 받아들이는 경우, 만약에 그러한 실수를 한 사람이 ADHD가 있는 친구라면 똑같이 엄격한 판단을 내릴까요? 많은 ADHD 성인들이 타인에게는 좋은 조언과 지지를 보낼 수 있지만, 정작 자신에게는 그렇게 하지 못한다고 말합니다. 이런 관점의 전환은 자기 연민, 즉 자신을 달래고 보살피는 것이 답이 될 수 있습니다. 이에 대해서는 아래에서 논의하겠습니다.

자기 연민

자기 연민은 매우 중요한 관계, 즉 자기 자신과의 관계에 관한 것입니다. 나 우선 또는 나 중심의 접근 방법을 의미하는 것이 아니라 불완전함 앞에서는 자신도 남들과 마찬가지로 존중과 배려를 받을 자격이 있다는 개념입니다. 친구가 약속한 날짜를 잘못 알고 와서 당황하는 상황을 떠올려 보세요. 그 상황에서 당신은 친구에게 지지와 위로를 보냈을 것입니다. 그런데 같은 상황에서 자신에게는 그렇게 하지 않을 가능성이 큽니다. 이 때문에 이렇게 관점을 바꾸어 생각하는 것이 도움이 됩니다.

자아 비판을 포함한 부정적인 자기 대화는 도움이 되지 않는 사고방식입니다. ADHD로 인한 실수로 인한 내부 비판은 매우 엄격하고 가차 없을 수 있습니다. 제 의뢰인들도 자신에 대해 너무 가차 없어서 제가 이렇게 얘기한 적도 있습니다.

"다른 사람이 그렇게 얘기한다면 언어 폭력으로 고소당하겠네요."

실수를 만회하고 개선함에 있어 자신에게 솔직한 것은 중요합니다. 그렇지만 용서하고 미래지향적인 방향으로 이루어져야 합니다.

자기 연민을 지원하는 유용한 자기 대화 전략은 '거리두기 자기 대화'입니다(Kross 2021). 거리두기 자기 대화는 자신을 2인칭이나 3인칭으로 두고 얘기하는 것입니다. 마치 다른 사람에게 이야기하듯이 자신에게 이야기하는 것입니다. 즉, 자신을 '너' 또는 이름으로 부르는 것입니다. 제 의뢰인 중 일부는 '우리'가 효과가 있었습니다.

1인칭 '나'를 사용한 자기 대화는 몰입형 자기 대화입니다. 몰입형 자기 대화를 활용해 감정을 살피다 보면 도움되지 않는 반추에 빠져버릴 위험이 있습니다. 연구에 따르면 거리두기 자기 대화는 감정 조절과 과업 착수를 촉진한다고 합니다(Kross 2021). 이는 미루기 방지 툴이기도 합니다. 거리두기 자기 대화는 타인에 대한 친절함을 활용하는 경향이 있습니다. 자신의 감정과 과업 계획을 말로써 설명하다 보면 과업 진행에 도움이 됩니다.

감정을 적고 일기를 쓰는 것도 유용한 거리두기 전략입니다. 예를 들어 누군가 때문에 짜증이 난다면 그 사람을 향해 보내지 않을 편지를 쓰거나 나를 향해 힘을 주는 편지를 쓰는 것이 도움이 됩니다.

글쓰기를 통해 거리두기 자기 대화와 감정 외연화를 연습해 봅시다. 아래는 과업을 시작하거나 감정을 대면하거나 실수를 관리하는 상황이 나와 있으며, 이러한 상황은 모두 자기 연민이 필요합니다. 마치 ADHD가 있는 다른 사람을 돕는 것처럼 자신을 이름을 부르며 3인칭으로 대하거나 '너'라는 2인칭으로 부르며 답변을 작성해 보세요. 예를 들어, '약속일을 착각해 엉뚱한 날짜에 왔다.'라는 상황이라면 '처음에는 짜증이 나겠지만, 그럴 수 있어. 점차 괜찮아질 거야. 다음 약속을 잘 지키면 되지. 그 상황이 언급되면 넌 유머와 여유로 대응하면 돼.'라고 적습니다.

업무용 보고서(또는 감사 메모 등 기타 글쓰기 과업)를 작성해야 한다.

운동할 기분이 아니다.

부엌이나 책상이 엉망인데 어디서부터 치워야 할지 모르겠다.

친구의 생일을 잊고 있었다.

약속한 것을 제때 제출하지 못하게 되었다고 상사, 선생님, 또는 친구에게 얘기해야
한다.

신용카드를 잃어버렸다. 분실 신고를 하고 새 카드를 배송 받아야 하는데, 온 가족들
이 이것 때문에 불편해한다.

　자기 연민은 반드시 항상 자신을 우선시하는 것이 목적은 아닙니다. 그
렇다고 해서 다른 사람을 지지할 때 자신이나 자신의 필요를 무시할 필요
는 없습니다. 자기 연민은 자기 옹호와 자기 주장 기술의 토대가 됩니다.
이는 아래에서 논의하겠습니다.

자기 옹호와 자기 주장

자기 주장은 듣기에는 그럴듯하지만 실천은 쉽지 않은 기술 중 하나입니다. 자신이 믿는 것 또는 원하는 것을 자신감 있고 솔직하게 표현할 수 있는 자질을 의미합니다. 자기 옹호는 자기 주장의 한 형태입니다. ADHD 관련 맥락에서는 주로 도움이나 지원을 요청하거나, ADHD를 관리하고 자신의 강점을 활용할 수 있는 자원을 요구하는 것으로 나타납니다. 이는 대학 내의 복잡한 행정 기관을 찾아다녀야 하므로 ADHD가 있는 대학생들에게는 특히 도전이 될 수 있습니다.

자기 주장은 종종 공격성과 혼동되곤 합니다. 예를 들어 '거절당해서는 안 돼.'라는 말처럼 말이죠. 요청이 거절되거나 걱정이 무시될 경우 사회적 자본을 잃을까 걱정하는 ADHD 성인들에게는 특히나 우려스러운 일입니다.

옳든 그르든, 무시당할 수 있습니다. 하지만 거절당한다 하더라도 대부분의 사람들은 자신의 목소리를 낸 후 기분이 더 나아졌다고 느낍니다. 불편에 굴복하고 목소리를 내지 않으면 후회가 남을 수 있습니다(기회가 있었는데 왜 요구하지 않았을까?). 중요한 점은, 자신의 목소리를 냈을 때 상황이 유리하게 전개될 가능성이 높다는 것입니다.

다음의 '역할 정의하기' 전략은 자기 주장과 자기 옹호를 위한 행동 지침입니다(Ramsay 2020).

1. 상황을 구체적이고 실행 가능한 용어로 정의합니다.
2. 이 상황에서 자신의 역할을 정의합니다.

성인 ADHD와 불안 다스리기

3. 이 상황에서 자신의 역할을 수행하기 위해 해야 할 일을 정의합니다.

4. 역할 수행을 위해 해야 할 행동에 관한 대본이나 지침은 무엇일까요? 자기 주장 시 간단하고 쉬운 방법은 자신이 본 대로 말하는 것입니다(예를 들면, "제가 주문한 것은 감자칩이 아니라 프렌치프라이였던 것 같아요.").

5. 상대방이 어떻게 반응할지 등을 포함해 생각 읽기, 부정적 예측, 또는 자신이 통제할 수 없는 기타 요인들을 식별하고 관리하세요. 자신이 말을 하는 방식에 대해서는 통제 가능하지만, 상대방의 반응을 통제할 수는 없습니다. (그러므로 4단계에서 대본을 작성할 때 긍정적 결과 가능성을 높이는 방향으로 대본을 작성하면 좋습니다.)

6. 대본을 실행하는 데 방해가 될 수 있는 잠재적 장애물, 특히 불편함을 예상하고 이를 우회할 방법을 마련하세요.

7. 행동 대본을 통해 계획을 실행하세요. 요점을 전달하거나 요청을 했으면 역할을 다한 것입니다. 추가적인 논의나 협상이 있을 수 있지만, 어떻게든 해결될 것입니다.

이 방법을 통하면 자기 주장을 구체적이고 실행 가능하게 만들 수 있습니다. 협력적일 뿐 아니라 친절한 방식으로 자신의 견해나 요청을 공유하면서도 단호할 수 있습니다. 그런 다음 상대방이 존중하는 태도로 반응할 기회를 주는 것입니다.

연습하기

다음은 수잔이 프로젝트에 대해 도움을 요청할지 고민할 때 자신의 전략을 설계한 예시입니다. 수잔의 예시를 읽고, 그런 다음 자신만의 예시로 연습해 보세요.

예

무엇이 문제였나요? 또는 어떤 상황이었나요? 구체적이고 실행 가능한 용어로 설명하세요.

큰 프로젝트에서 내 진도가 뒤떨어졌다. 몇 가지가 예전에는 이해가 되었는데 이제 불명확해졌다. 내가 일을 제대로 하고 있는지 확인할 필요가 있었다. 이미 설명이 된 사항을 다시 물으면 상사가 짜증을 내기 않을까 걱정되었다.

이 상황에서 자신의 역할은 무엇이었나요?

프로젝트 팀원이었고, 내 업무가 불명확했다. 내 역할은 이 상황에서 벗어나서 스트레스를 줄일 수 있도록 내 상사에게 내용을 다시 확인하고 지침을 요청하는 것이었다.

역할을 수행하기 위해 무엇을 해야 하나요?

더 이상 기다리지 않고 상사와 면담을 요청해 프로젝트에서 내 역할을 물어보아야 한다. 마감 기일에 맞출 수 있도록 주간 점검 회의도 요청할 것이다.

역할을 수행하기 위한 실행 계획은 무엇인가요?

내 역할을 수행하기 위해 다음과 같이 말할 수 있다.

"프로젝트 진행 사항을 보고하고 피드백을 받기 위해 회의를 요청합니다. 앞으로 제가 제대로 진행할 수 있도록 정기적으로 점검 회의를 하는 것도 도움이 될 것 같습니다. 그래도 되겠습니까?"

성인 ADHD와 불안 다스리기

자신의 통제를 벗어나는 일에 대해 섣불리 예측하거나 부정적인 예상을 하고 있나요?
상사가 화를 내고 나에 대한 신뢰를 잃을까 걱정이 된다. 상사의 반응을 내가 통제할 수는 없지 않은가. 그래도 쉽지 않다 하더라도 명확하게 파악하는 것이 옳은 일이다. 참고 있다 후회하기보다는 도움을 청해 이 상태에서 벗어나고 싶다.

이 계획을 실행하는 데 장애물이 있나요?
상사가 다음 주부터 휴가를 가신다. 그래서 나는 바로 행동해야 한다. 이것은 합리적인 요청이므로 일단 물으면 기분이 나아질 것이다.

어떻게 행동 계획을 실행할 건가요?
이메일이 쉽지만 실시간으로 이해를 확인하기 위해 대면 회의가 나을 것 같다. 상사와 만나면 내가 만든 대본을 활용해 대답을 들을 것이다.

실행 내용과 결과를 요약해 주세요.
상사와 나는 업무가 바빠지기 전인 아침에 만났다. 상사는 나에게 명확한 설명과 지침을 주셨고 내가 제대로 일을 하고 있다고 설명하셨다. 정기 점검 회의에 동의하셨고, 이게 나한테 도움이 되었다.

나의 답:
이제 나와 관련된 주장 또는 자기 옹호의 예시를 사용하여 자신만의 전략을 설계해 보세요.

무엇이 문제였나요? 또는 어떤 상황이었나요? 구체적이고 실행 가능한 용어로 설명하세요.

이 상황에서 자신의 역할은 무엇이었나요?

역할을 수행하기 위해 무엇을 해야 하나요?

역할을 수행하기 위한 실행 계획은 무엇인가요?

자신의 통제를 벗어나는 일에 대해 섣불리 예측하거나 부정적인 예상을 하고 있나요?

성인 ADHD와 불안 다스리기

이 계획을 실행하는 데 장애물이 있나요?

어떻게 행동 계획을 실행할 건가요?

실행 내용과 결과를 요약해 주세요.

'역할 정의하기' 전략은 거의 모든 문제에 대해 적용할 수 있지만 도움을 요청할 때 특히 유용합니다. 하지만 도움을 기꺼이 받아들일 의지가 있어야 합니다. 수잔은 종종 상사에게 후속 회의를 요청하면서 죄책감을

느꼈습니다. 요청을 관계 계좌에서 일방적이고 부담이 되는 인출로 보기 쉽지만 오히려 상대방이 지지할 기회를 제공하는 것으로 볼 수도 있습니다. 도움을 주는 사람도 보답을 받습니다. 타인을 돕는 것은 기분 좋은 일이니까요. 상대방이 자신의 역할을 수행하고 당신의 요청을 받아들이도록 하세요. 그들이 도움을 제공하고 당신이 감사 표현을 하면 주고받는 균형을 맞추는 거래가 됩니다.

이러한 관점은 도움을 청하는 것을 주고받는 관계로 재구성합니다. 양측 다 혜택을 봅니다. 이제 상호 지지를 이룰 수 있는 다른 방법을 살펴봅시다.

기타 주고받기 형태

또 다른 형태의 주고받는 지원 방식은 5장에서 미루기 방지 기술로 소개된 바디 더블링(body doubling)입니다. 바터링(bartering)도 바디 더블링의 한 형태입니다. 바터링은 '당신이 내 일을 도와주면, 나도 당신의 일을 도와줄게.'라는 식의 협약입니다. 예를 들어, 당신이 하루는 이웃의 차고 정리를 돕고, 그 이웃은 다음날 당신의 홈오피스 정리를 돕는 식입니다. 본질적으로 바디 더블링은 상호 책임감을 공유하는 파트너십입니다. 이웃이나 직장에서 함께 산책할 친구를 찾을 수도 있습니다. 단순히 누군가와 계획된 만남을 가지는 것만으로도 서로 동기를 부여하고 참여하게 됩니다. 재택근무를 하는 사람이 늘어나면서 가상 공동 작업 그룹이 증가하는데, 이는 참여하는 사람들이 누릴 수 있는 또 다른 선택지가 되고 있습니다.

성찰하기

바디 더블링이나 바터링이 나에게 잘 맞는 상황은 무엇이 있을까요? 잘 맞는 파트너가 될 수 있는 사람들과 함께 몇 가지 예를 적어 보세요.

바디 더블링

_____

_____

_____

_____

바터링

_____

_____

_____

_____

'역할 정의 전략'은 다른 사람의 요청을 처리할 때도 유용한데, 특히 과도한 약속을 해야 하거나 압박감을 느끼는 상황에서 유용합니다. 주로 거절이나 경계 설정이 어려울 때 주로 발생합니다. 아래에서 설명하겠습니다.

거절하기와 경계 설정 문제

거절하기 어렵거나 충동적으로 '예.'라고 답하는 것은 ADHD 성인들에게 흔한 문제입니다. '충동적 수락'(Ramsay & Rostain 2015a)은 매력적인 초대, 프로젝트, 요청 등에 반사적으로 동의하지만, 나중에 기존의 책임조차 감당하기 힘들다는 것을 깨닫게 되는 것을 의미합니다. 해결책은 모든 요청을 거절하는 것이 아니라, 먼저 신중한 선택을 할 시간을 확보하고, 필요할 경우 경계를 설정하는 것입니다.

시간 벌기는 또 다른 대응 전략입니다. 누군가 매력적이지만 많은 시간과 노력이 필요한 요청을 할 때, 즉각적으로 대답하는 대신 "생각해 보고 다시 알려 줄게."와 같은 대답으로 시간을 벌 수 있습니다.

번 시간 동안 조건을 생각해 봅니다. 조건이 맞으면 '예.'라고 말하면 됩니다. 예를 들어, 학교 기금 모금 행사를 주관해 달라는 요청을 받았을 때 처음에는 그 요청을 반길 것입니다. 하지만 그 기분이 가신 후에는 해야 할 일이 너무 많다는 것을 깨닫게 될 것입니다. 이럴 때 처음 요청에 바로 '예.'라고 답하는 대신, 행사 당일 티켓 부스에서 일하겠다고 제안할 수 있습니다.

당신에게 행사 전체를 감독하라고 설득할 가능성이 높습니다. 그러나 정치인들처럼 일관된 메시지를 유지하며, 단호하게 "고맙지만 사양하겠습니다."라고 반복하세요. 이러한 상황은 "X라면, Y한다." 전략을 사용하기에 적합합니다. "만약 시간 소모가 큰 일을 요청받는다면, '생각해 보고 알려 줄게.'라고 말하겠다."

또 다른 대응 방안은 충동적으로 말한 '예.'를 철회하는 것입니다. 나중에 생각해 보니 요청을 거절해야 하는 경우가 대부분일 겁니다. 이때 약속을 지켜야 한다는 생각이나 '버텨야 한다.'는 생각으로 인해 죄책감과 당혹감을 느낄 수 있습니다. 물론 불편하더라도 누군가에게 진 빚을 갚기 위해 그렇게 해야 하는 경우도 있을 것입니다. 그러나 때로는 이미 한 제안을 철회하는 것이 더 합리적일 때도 있습니다. 자신의 약속을 지키는 것과 자신의 웰빙에 미치는 영향을 고려하여 적절히 물러나는 것을 저울질할 수 있습니다.

아래는 경계를 설정하고 '아니오.'라고 말하는 전략 단계입니다.

- 요청을 듣고 이해한다.
- 시간을 번다("생각해 보고 다시 연락드릴게요.").
- 요청에 소요되는 시간, 노력, 에너지를 고려하고, 기존 약속과 웰빙, 요청자와의 관계에 미치는 영향을 평가한다.
- '예.'라고 말할 수 있는 조건을 고려한다.
- 만약 대답이 '아니오'라면, 단호하게 그렇게 말하고 일관된 메시지를 유지한다.
- '예.'를 철회할 선택지를 열어 둔다.

ADHD 성인들은 새롭고 흥미로운 기회에 끌리기 쉬우므로 경계 설정 문제가 중요합니다. 때때로 사회적 자본 부족이나 빚이 실제로 있거나 있다고 생각해서 '예.'라고 대답해야 한다는 의무감을 느낄 수 있습니다. 이런 상황에서 종종 관계 자본을 쌓거나 사회적 빚을 갚기 위해 '예.'라고 말합니다. 그러나 이 패턴은 과잉 약속을 하고 약속을 지키지 못하게 되는 악순환으로 이어질 수 있습니다. 이 악순환에 빠지면 관계가 악화될 위험이 있습니다. 이는 다음 섹션에서 다루겠습니다.

사회적 자본, ADHD 세금, ADHD 벌금

ADHD 세금은 ADHD와 관련된 금전적 비용을 의미합니다. 공납금 연체료, 건망증으로 인한 주차 위반 딱지, 충동 구매가 그 예입니다. 더 심한 경우에는 빚이 많고 저축이나 퇴직계좌 잔액이 적은 경우도 있습니다 (Barkley 2015).

연체된 청구서, 딱지, 기타 금전 비용을 다루다 보면 시간 비용과 스트레스도 생기게 마련입니다. 휴대폰과 열쇠를 어디에 두었는지 몰라서 찾아다니면서 발생하는 시간, 감정, 인지 부하 비용도 있습니다. ADHD 세금은 인간 관계에도 스트레스를 줍니다. 금전적인 문제, 제 자리에 두지 않은 물건, 약속 잊기, 지각, 기타 실수는 다른 사람들에게 영향을 줄 수 있기 때문입니다.

성인 ADHD와 불안 다스리기

성찰하기

자신이 지불하는 ADHD 세금을 적어 봅시다.

'ADHD 벌금'은 스스로 부과하는 것으로서 비싼 서비스 수수료와 같은 것입니다(Ramsay 2020). 자신이 목표에 도달하지 못했기 때문에 자신을 돌보는 시간이나 휴식 시간을 희생함으로써 발생합니다. 예를 들어 '집안 일을 다 못했기 때문에 친구를 만나면 안 돼.' 또는 '오늘 다 못한 일을 마저 해야 하니까 요가를 빼먹어야지.' 등입니다. 어른이 된 뒤에도 스스로 벌을 주거나 외출 금지시키는 것과 다름없습니다.

물론 중요한 기한을 맞춰야 하는 경우에는 이러한 절충이 필요한 때가 있습니다. 그러나 많은 경우 이런 종류의 벌은 스스로 부과하는 처벌입니다. 이 벌은 자기 회복과 자기 관리를 빼앗으므로 ADHD 관련 비효율성을 증폭합니다. ADHD가 마치 엄청난 사채 이자를 요구하는 고리대금업자 같습니다. 끝까지 책임을 다 하는 것이 중요하듯이, 실수로부터 회복하는 것도 중요합니다. 아울러 사회 생활이나 운동과 같이 자기 관리도 필수적입니다. 오늘날의 자기 관리는 더 나은 내일을 맞이하기 위한 첫걸음입니다. 자기 관리는 기본적인 필요이자 권리이지 노력해서 쟁취해야 하는 것이 아닙니다. 이는 8장에서 더 자세히 설명드리겠습니다.

스스로 부과하는 ADHD 벌금의 또 다른 형태는 자기 불구화입니다. ADHD 성인들이 타인을 실망시켜 빚을 졌다고 생각하는 죄책감과 수치심에서 비롯합니다. 예를 들어 일주일간의 보고서 마감 연장을 받은 대학생이 새로운 마감을 맞추려 애쓰면서 '내 보고서는 다른 사람들보다 일주일만큼 더 좋아야 해.'라고 생각하는 경우입니다. 물론 그것이 연장 조건은 아니었지만 보고서가 낮지 않으면 연장을 받을 이유가 없었다는 죄책감을 갖습니다.

과잉 약속과 실망스러운 결과가 ADHD의 자기 불구화에서 나타납니다. 대체로 트렌트와 마찬가지로 ADHD 때문에 엄청난 관계의 빚을 지고 있다고 생각합니다. 이는 사회적 자본 채무자의 감옥입니다. 자신의 지각, 건망증 등을 돌아보고 자신의 상사와 친구, 배우자가 자신을 참아 주고 있다고 생각합니다.

그 결과 실수를 만회하거나 빚을 갚을 기회가 생기면 과도한 약속을 합니다. "내일 아침에 바로 프로젝트를 넘겨줄게." 또는 "돌아오기 전에 집 청소 깨끗하게 해 놓을게." 등으로 말입니다. 물론 의도는 좋습니다. 그렇지만 이렇게 함으로써 다시금 잠재적 실망거리를 만들거나 빚을 지게 됩니다. 앞으로는 약속은 가볍게 하고 약속보다 더 많이 이행하는 것을 목표로 하십시오. 일반적으로 약속한 만큼만 이행해도 관계 유지에는 충분합니다.

성찰하기

의도는 좋았지만 과도한 약속을 해서 곤란을 겪었던 상황이 있었나요?

인간 관계에서 과하지 않게 약속을 해서 성공할 수 있는 상황은 어떤 것이 있을까요? 이렇게 과하지 않게 약속하는 나의 모습은 어떤 모습일까요?

ADHD는 관계에 대해 실질적·잠재적으로 명백히 해로우며 때로는 치명적인 영향이 있습니다. 자신의 실수만 확대해서 기억하고(부정적 필터 왜곡) 남들도 내가 나한테 하듯이 나한테 엄격하게 대할 것이라 생각하는 성향을 조심하십시오. 다른 사람의 생각과 의도를 추측하는 것은 가장 흔한 관계 왜곡 중 하나입니다. ADHD 대처 기술을 활용하는 방법은 자신의 관계를 여러 가지 역할별로 구성된 여러 과업으로 대하는 것입니다. 자신의 사회적 자본에 대해 SAP 계획을 세우는 것도 관계를 유지하는 데 도움이 됩니다. 이는 아래에서 설명할 것입니다.

관계를 과업으로 바라보기

앞서 언급했듯이 ADHD는 지식의 문제가 아니라 실행의 문제입니다. 이는 관계에서도 마찬가지입니다. 관계를 돌보고 개선하는 것은 광범위하고 모호하며 구체적이지 않은 목표입니다. 구체적이고 실행 가능한 과업을 목표 지점에서 실행하는 SAP 계획을 인간 관계에 적용하는 방법을 살펴보도록 합시다.

성찰하기

관계에 영향을 주는 ADHD의 공통적인 특징은 무엇인가요? 일부는 소속감 관계 영역에서는 나타나지만 지위 관계 영역에서는 나타나지 않거나, 그 반대일 수도 있습니다. 또는 두 영역 모두에 해당하는 경우도 있습니다. 자신에게 해당하는 항목에 동그라미를 치거나 의견을 적으세요.

- 정리정돈이 안 됨, 지저분함, 물건을 아무 데나 둠
- 일은 시작하되 끝을 맺지 못함. 너무 오래 걸림. 마지막에 몰아침
- 일상적인 집안일, 업무, 중요한 약속을 잊음
- 대화 중 딴 생각, 남의 얘기를 잘 경청하지 못함
- 감정적 대응, 논쟁적, 방어적, 욱하는 성격
- 약속을 일관되게 이행하지 못함
- 잠을 잘 못 잠, 아침에 잘 못 일어나거나 늦게 잠이 듦
- 타인과 협력 및 조율이 어려움
- 과도한 기술 의존 또는 게임과 같은 중독
- 실수를 덮기 위한 속임수나 거짓말
- 지각, 결석, 막판에 약속 취소
- 성과가 좋지 않음
- 업무나 과제 지각 제출
- 직장에서 갈등, 자신의 몫을 다하지 않는다고 여겨짐
- 가계 수입에 충분한 기여를 못함, 가계 비용을 정시에 지급하지 못함

- 가사나 가정 운영에 충분한 기여를 못하는 것으로 보임

- 부주의한 운전 습관, 과속

- 다른 사람들과 조용히 즐기거나 쉬지 못함

그 외에 관계에 영향을 주는 ADHD의 일반적인 특징이 있으면 적어 보세요.

연습하기

아래 예를 통해 관계 행동을 개선할 수 있는 구체적이고 실행 가능한 단계와 목표 지점을 살펴봅시다.

- 특정한 사람과 만날 약속을 선택해 일찍 도착하고, 이를 플래너에 메모하기
- 대중교통을 이용하는 아침 출근 시간을 활용해 문자와 이메일에 답하기
- 스스로에게 약속을 하고 이를 플래너에 적어 친구에게 먼저 문자나 안부 메시지 보내기
- 배우자/파트너/룸메이트와 일정을 조율하고 기타 가사를 논의할 때 규칙적인 귀가 시각 정하기(예: 일요일 오후 6시)
- 퇴근해서 집에 오면 배우자/파트너/아이에게 그날 하루 어땠냐고 물어보기
- 월요일에는 동료 한 명에게 업무 외 생활에 대해 물어보기
- 직장에서 매일 주변 동료에게 아침 인사하기
- 자신은 내키지 않아도 친구나 가족과 함께 영화 보는 시간 정해서 함께 보기
- 누군가와 함께 산다면 상대방을 위해 소소한 의미 있는 일 해 보기. 예: 자켓을 의자에 걸쳐 놓는 대신 옷장에 걸기
- 상대방이 얘기하면 휴대폰은 놓고 경청하기

관계 행동을 개선할 수 있는 구체적이고 실행 가능한 단계와 목표 지점을 한 가지 이상 정해 보세요. 재활용품 버리기 등과 같이 반복되는 일인 경우 할 일 목록이나 플래너에 적는 것도 고려해 보세요.

다른 습관과 마찬가지로 관계 과업도 일회성이 아닙니다. 관계 기술과 과업 중 일부는 습관으로 만들 수 있습니다. 특히 관계 계좌에서 좋은 대처는 실수에서 회복하고 기술과 루틴을 일관성 있게 활용하는 능력에 달려 있습니다. 몇 가지 따뜻한 행동과 역할을 충실히 이행하는 것만으로도 관계를 개선하고 유지하는 데 큰 도움이 됩니다.

정리

이 장에서는 사회 영역에서 실행 기능의 중요성을 설명했습니다. 관계를 타인과 공유하는 계좌라는 사회적 자본에 비유했는데, 이러한 방법은 타인과 자신의 관계를 지속적으로 확인하는 좋은 방법입니다. 관계를 자신의 역할을 충족하고 관계를 돌보는 과업으로 관점을 바꾸어 보는 방법도 도움이 됩니다. 사회적 감정을 활용하면 관계 계좌를 균형 있게 관리할 수 있게 됩니다.

그러나 ADHD로 인해 오해를 받기가 쉽습니다. 자신이 어떤 행동을 하거나 하지 않는 것 자체가 배려 부족으로 해석될 수 있기 때문입니다. 전형적인 ADHD 실수로 인해 비난 받을 수도 있습니다. ADHD 성인들은 일반적으로 비판이나 잠재적 거절에 대해 과도한 반응을 보이는 경향이 있습니다. 이 외에도 중요한 사회적 신호나 단서를 놓쳐 대화를 스트레스로 느낄 수 있습니다. 드물지만 일부 ADHD 성인은 유해하고 학대적인 관계에 놓이기도 합니다. 7장에서는 이 주제를 좀 더 자세히 다루어 보도록 하겠습니다.

제 7 장

스트레스가 많은 관계에 대처하기

자신을 옹호하거나 관계를 맺어가는 단계에서 6장에서 설명한 대처 기술을 사용했음에도 불구하고 여전히 ADHD로 인해 창피한 상황, 마음의 상처, 타인의 실망에 정기적으로 맞닥뜨렸을 것입니다. 상처가 되는 놀림이나 비난도 받아 보았을 것입니다. 자라면서 당신의 ADHD를 모르는 선생님, 부모님, 동료들로부터 비슷한 감정을 느껴 보았을 것입니다. 7장에서는 인간 관계와 사회 생활 중에 ADHD 성인이 겪는 좌절스럽거나 고통스러운 경험에 집중하고, 이러한 고통스러운 경험에 더 잘 대처하고 이를 극복하는 데 도움이 되는 기술을 탐구할 것입니다. 먼저 ADHD 성인이 많이 겪는 큰 어려움부터 시작합시다. 바로 거절민감성입니다.

거절민감성

나중에 보면 별것 아닌 일에 과민 반응을 보인 적이 있나요? 일 잘하는 주변 동료보다 자신이 별로라고 생각하나요? 주변에 "미루지 마."라는 말

같이 도움되지 않는 조언을 하는 성공한 친척이 있나요? 동료들이 보는 앞에서 상사로부터 지각에 대해 들은 한마디가 계속해서 머릿속을 맴돌고 있지는 않나요? 이런 상황에 화를 내며 대꾸하거나 눈물을 흘리거나 집에 가는 길에 차 안에서 폭풍 같이 욕을 한 적이 있나요? 이러한 예는 거절민감성의 예입니다.

거절민감성 불쾌감 장애(Rejective Sensitive Dysphoria, RS)나 거절민감성(Rejection Sensitivity, RS)과 ADHD와의 관계는 ADHD 치료에서 중요한 주제입니다(Dodson 2023). RS에 대한 관심 증대는 ADHD 성인의 삶에서 감정의 역할, 특히 감정과 인간 관계 스트레스의 관계에 대한 관심이 높아지고 있음을 반영합니다.

ADHD 성인이라면 너무나도 많은 거절이나 좌절을 겪어 봤을 것입니다. 게으르다, 의지가 없다, 둔감하다, 믿음직하지 않다 등 거슬리는 꼬리표와 오해를 받았을 것입니다. RS는 일반인의 경우 한 번 다치면 한 번 조심하는 반면 ADHD 성인은 하도 많이 다쳐서 몇 배로 조심합니다. ADHD의 핵심 특징이기도 한 감정 조절 능력 손상(Barkley 2015)은 이러한 RS를 증폭합니다. 스스로를 다독이고 극복하는 것이 더 어려워집니다.

ADHD 성인의 왜곡된 사고에 대한 연구에 따르면 ADHD 경험이 좌절과 우울감을 초래합니다. 이러한 감정은 회피-도피 대응으로 이어지고 더 많은 문제와 실패를 야기합니다. 이는 악순환으로 변합니다(Knouse, Zvorsky & Safren 2013).

이렇게 도움이 되지 않는 사고와 감정 반응은 실제 경험에서 비롯되며, 잠재적 좌절을 피함으로써 스스로를 보호하려 합니다. 회피-도피는 부적응적이기는 해도 쉽고 빠른 도피구를 제공합니다.

이해는 가지만 이러한 사고방식은 목표로부터 멀어지고 인간 관계를 좀먹기 때문에 바람직하지 않습니다. 잉크 한 방울이 컵 안의 물을 모두 흐리듯 사건을 과잉 일반화합니다. 그 결과 RS 감정과 회피가 '지금 여기'에서의 대응을 방해하고, 관계에 영향을 미치는 자신의 노력에 대한 자기 신뢰(self-trust)를 저해합니다.

ADHD 치료제가 감정 조절을 개선할 수 있습니다(Surman & Walsh 2022). 그러나 RS와 성인 ADHD-불안 연결은 겹치는 부분이 있으므로 대응 전략을 활용하는 것도 도움이 됩니다.

RS 유발 요인 파악하기

RS와 성인 ADHD-불안 연결이 겹치는 부분에 대응할 때 가장 먼저 해야 할 일은 RS 유발 요인을 찾는 것입니다. Dodson(2023)에 따르면 RS는 거절당하거나 비난받는다는 인식에 의해 촉발되며, 자신이나 타인의 높은 기대치에 부응하지 못한다는 느낌으로도 유발될 수 있습니다. 따라서 타인의 반응이나 자신의 성과에 대한 내부 비판에 대한 민감도가 높아질 수 있습니다. 이는 지난 2장에서 소개한 ADHD 성과 불안의 인간 관계 버전이라고 볼 수 있습니다. 아울러 사회적 지위 불안은 인간이 본능적으로 평판이나 사회적 지위를 좇는 것을 의미합니다(Wright 1994). RS는 ADHD에 따르는 사회적 지위 불안이 ADHD 성인의 공적 대면에 의해 증폭되는 것입니다.

RS의 일반적 유발 요인 몇 가지를 고려해봅시다. 우리 팀 연구(Strohmeier 외 2016)에 따르면, '완벽주의'는 ADHD 성인이 가장 많이 겪는 인지 왜곡입니다. 2위와 3위는 각각 '감정적 추론과 의사 결정', '타인과 비교'였습니다. 완벽주의는 의사 결정과 사회적 비교와 관련된 감정과 연결된 것으로 볼 수 있습니다. 완벽주의는 거절을 피하기 위한 수단이 됩니다. 예를 들어, '내가 완벽하다면 안전하다.'는 식의 사고로 나타날 수 있습니다.

자신이 완벽하지 않다는 것을 경험하면 잠재적인 상처와 거절에 취약하게 됩니다. 좌절된 선택과 결과는 자기 불신을 남기고, 타인과 자신을 부정적으로 비교하는 경향을 강화하게 됩니다. 자신이 세상이 요구하는 방식에 미치지 못한다고 계속 생각하게 될지도 모릅니다. 이 패턴이 생기면 ADHD 대처가 어려울 때 자신의 강점을 무시하고 타인들이 당신을 비판하고 흠을 잡으려 할 것이라고 가정하게 됩니다. 이 모든 과정이 결합해 ADHD와 관련된 RS를 일으킵니다.

성찰하기

ADHD로 인한 RS와 불안을 유발하는 일반적인 상황을 생각해 봅시다.

- 가족, 배우자, 동료가 내 건망증을 지적한다.
- 타인과 이견이 있다.
- 다른 사람이 새치기를 한다(어떤 사람이 나보고 뒤로 가서 서라고 한다.).
- 악의 없는 농담에 상처를 받는다.
- 다른 사람들이 뒤에서 내 흉을 볼 것 같다.
- 인간 관계에서 부족하거나 빚을 지고 있다고 느낀다.
- 내 SNS 게시물이 어떤 이미지를 남길까(또는 반응이 없을까) 과하게 걱정된다.
- 다른 사람들의 SNS 게시물에 대해 내 SNS를 부정적으로 비교한다.
- 인간 관계를 반복적으로 면밀히 분석하고 모든 것을 흑백 논리로 판단해서 기분이 오락가락한다.
- 다른 사람이 칭찬을 받으면 내가 뒤떨어진 것처럼 느껴서 상실감을 느낀다.

이 외에도 ADHD로 인한 RS와 불안을 더 잘 유발할 수 있는 상황을 나열해 보세요.

ADHD를 포함한 일반 연구에서는 거절을 6가지 범주로 분류합니다 (Leary 외 1998). 이 중 자신과 관련 있는 것을 생각해 보세요(여기서 '절연'은 개인적인 관계를 끝내는 것을 의미합니다.).

- 비판
- 배신
- 적극적 절연(연인 관계에서 차이는 것)
- 소극적 절연(단체 대화방에서 제외되거나 연락이 끊기는 것)
- 인정받지 못하는 것
- 놀림 당하는 것

거절의 다른 예를 나열해 보세요.

이러한 성찰은 관계에 있어 자신의 감정과 RS의 역할을 이해할 수 있는 토대를 제공합니다. 감정은 사회적 지위에 관한 걱정이나 확신과 같은 관계 신호를 제시합니다. 사회적 감정 역시 타인과의 관계에서 자신의 위치를 평가하는 데 도움을 줍니다. 인식이나 사고방식은 ADHD를 통한 사회적 경험을 통해 형성되는데, 이러한 사고방식은 상황에 대한 자신

의 반응에 영향을 줍니다. 지금까지 논의한 CBT 기술은 의도를 행동으로 일관성 있게 전환하도록 도움을 주는데, 이는 인간 관계에도 도움이 됩니다. 자기 주장과 자신이 '충분하다.'라고 생각하는 것과 같은 관계 탐색 및 개선 기술도 자신을 보호하고 열등감 패턴에 빠지지 않도록 도와 줍니다. 이러한 기술을 사회 생활과 RS 문제에 적용해 봅시다.

RS 유발 요인 극복하기

뻔한 얘기지만 RS가 유발되었다는 것을 인식하는 것이 가장 중요한 첫 단계입니다. 이를 통해 감정적 거리두기와 인식 수립 등 대응 기술을 더 일찍, 더 효과적으로 사용할 수 있게 되고, 결과적으로 RS를 줄일 수 있습니다. 자신이 거절당하거나 실수를 지적당하거나, 상황을 과장하거나 잘못 인식하는 상황 등에서 도움이 됩니다. 이제 연습해 봅시다.

연습하기

아래의 응답 예를 보고 자신의 경험을 활용해 연습해 봅시다.

예

RS가 유발되는 상황은 어떤 때인가요? 행동적 측면과 감정적 측면으로 정의하세요.
상사가 내 월말 보고서를 돌려주며 수정 후 다시 제출하라고 했다. 이전에는 한 번도
없던 일이다.

이 상황에 대한 내 생각은 무엇인가요?
상사는 내가 일을 못했다고 생각했다. 내 작업은 프로답지 못했고 내가 못난 사람으로
보였다.

이 생각을 어떻게 재평가할 수 있을까요?
다시 생각해 보면 편집을 제대로 안 한 부분이 많았다. 상사는 한 군데에 내가 쓴 내용
은 괜찮은데 편집이 잘 안 되었다고 메모를 남겼다. 동료들도 다들 보고서를 다시 써
서 제출한 적이 있다고 했다.

이러한 상황에 대해 어떤 느낌이 들었나요?
처음에는 거의 공황 발작이 올 뻔했다. 실패한 것 같아서 당황스럽고 걱정이 되었다.
또 내가 열심히 작업한 보고서이고 편집도 괜찮아 보였기 때문에 상사에게 화가 났다.

이러한 감정이 의미하는 바는 무엇인가요? 이런 감정을 어떻게 관리할 수 있을까요?
학창 시절이 떠올랐다. 낮은 학점을 받았고 선생님이 나더러 공부 더 열심히 하라고
하셨다. 그 때 나는 누구보다도 열심히 공부했는데도 그런 결과를 얻었다. 지금이야말

로 당당하게 고개를 들고 수정을 해야겠다. 나는 변화를 만들어낼 수 있다.

이러한 상황에 대처하기 위해 내가 하거나 하지 않은 것은 무엇일까요?
일단 수정을 시작하니 마음이 조금 나아졌다. 사적인 감정으로 받아들이기보다는 건설적인 피드백을 수용하고 싶지만 쉽지가 않다. 처음에는 다른 일을 하거나 찾으면서 수정 작업을 피했다.

이러한 상황에서 실행 계획은 무엇인가요?
'수정이 필요한 부분을 읽게 되면 한 번에 한 개씩 수정할 것이다'라고 정했다.

이러한 상황에서 사회적 자본은 어떻게 활용하나요?
이 보고서는 내 상사와 내 업무와의 관계에 영향을 준다. 나는 사회적 자본을 활용해 동료에게 확인을 요청했는데, 이것이 도움이 되었다. 나는 자기 연민을 실천했다. 내 감정은 잘 하려는 열망이라는 것을 알지만 내 상사가 나를 좋아하지 않는다는 결론에 성급하게 도달했다.

이제 자신의 사례로 연습해 볼 차례입니다. 반응의 강도를 줄이는 데 집중하세요. 해당 상황에 대해서는 여전히 감정을 느끼게 될 것입니다.

나의 답:
RS가 유발되는 상황은 어떤 때인가요? 행동적 측면과 감정적 측면으로 정의하세요.

이 상황에 대한 내 생각은 무엇인가요?

이 생각을 어떻게 재평가할 수 있을까요?

이러한 상황에 대해 어떤 느낌이 들었나요?

이러한 감정이 의미하는 바는 무엇인가요? 이런 감정을 어떻게 관리할 수 있을까요?

----

196   성인 ADHD와 불안 다스리기

이러한 상황에 대처하기 위해 내가 하거나 하지 않은 것은 무엇일까요?

이러한 상황에서 실행 계획은 무엇인가요?

이러한 상황에서 사회적 자본은 어떻게 활용하나요?

　살아가면서, 팀에 선발되지 않는다든가 연인과 헤어진다든가 친구와 멀어지는 등 수많은 거절 상황에 직면할 것입니다. 이러한 상황은 강한 감정을 유발하겠지만 이것도 여전히 삶의 한 부분입니다. ADHD와 관련된 정상적인 낮은 수준의 좌절감은 일반적으로 안정적이고 균형 잡힌 관계 내에서도 발생할 수 있습니다. 예를 들어 친구나 직장 동료와 주기적으로 겪는 기복이 이에 해당합니다.

안타깝게도 타인에 의해 사회적 자본 계좌가 초과 인출되는 경우도 있을 수 있습니다. 호혜성이 부족해서 계좌를 동결하거나 아예 폐쇄할 때가 되었음을 암시하는 패턴을 발견할 수도 있습니다. ADHD 성인들은 인출은 과대평가하고 저축은 과소평가하는 경향이 있으므로 어떤 사람에게는 너무 많은 부채 탕감을 하고 있을 수도 있음을 명심하세요. 인간관계가 충분한 존중, 이해, 호혜성을 주고 있는지 판단해야 할 때 자신을 믿으세요. 다음 섹션에서는 특히 신경 쓰이는 인간 관계를 집중적으로 다루도록 하겠습니다.

여러 노력에도 불구하고 어떤 인간 관계는 잘 풀리지 않습니다. 가끔씩 사람들로부터 멀어지거나 사이가 나빠지는 것은 정상입니다. 드물지만 스트레스와 불안을 유발하는 유해한 관계에 휩싸일 수도 있습니다. 이러한 관계는 타인이 당신을 착취하고 이용하려 할 때 발생할 수 있습니다. 아래에서는 이러한 인간 관계를 살피고, 주의해야 할 점을 알아보겠습니다.

괴롭힘과 가스라이팅

많은 ADHD 성인이 어렸을 때 괴롭힘을 당한 적이 있다고 답합니다. 성인 괴롭힘은 강요, 조작, 경시의 형태로 나타납니다. ADHD가 있는 10대 소녀와 젊은 성인 여성은 특히 학대성 연애 및 연인 관계에 노출될 위험이 높습니다(Hinshaw 외 2022). 이러한 학대는 소속감이나 사회적 지위 영역에서 가스라이팅의 수준에 이를 수 있습니다(Sakris 2018; 2022 참조).

가스라이팅은 포식적 기획자가 교묘하고 체계적으로 대상을 속여 이 대상이 자신의 현실 인식을 믿지 못하도록 만드는 것을 가리킵니다. 상대방이 사실에 대한 자신의 기억을 의심하도록 하고 감정, 필요, 생각을 무시함으로써 가스라이팅을 합니다. 가스라이팅을 하는 사람들은 고의적으로 역경을 조작하고 부정적 특성을 대상에게 씌웁니다. 이렇게 만들어진 역경과 부정적 특성을 활용해 바람직하지 않은 상황에 대해 대상을 비난합니다. "너 때문에 내가 이럴 수밖에 없었어."라는 말로 학대를 정당화합니다. 가스라이팅은 직장을 포함해 여러 상황에서 발생할 수 있는데, 대상의 잘못이 아닌데도 대상의 잘못으로 돌리고 조작된 낮은 실적 점수를 주는 식으로 괴롭힙니다. 가스라이팅을 하는 사람은 대상의 공을 가로채기도 합니다. 이러한 수법은 애정, 확신 주기 등의 여러 행동을 통해 대상이 혼란스러워하고 자기 의심을 강화하도록 합니다. 계략을 유지하기 위해 사실을 알려 줄 친구와 사랑하는 사람으로부터 대상을 격리합니다.

이러한 착취의 동기는 금전적 통제, 관계 내에서의 정서적 통제, 소유욕이 있습니다. 사실 가스라이팅을 하는 사람들은 대상을 소유물로 취급합니다. 대상은 자신이 괜찮은 동반자인지를 묻는 등 자신의 가치에 대해 의문을 가집니다. 이를 통해 대상은 관계에 얽히고 억압된 상태로 남게 됩니다.

어떤 면에서는 ADHD의 특징인 불신과 일관성 있는 비일관성이 그러한 의심을 더욱 부추겨 ADHD 성인이 스스로 가스라이팅을 하는 면도 있습니다. 이러한 요인 때문에 자기 연민과 자기 옹호가 연습해야 할 중요한 기술이 됩니다.

가스라이팅에 직면했을 때 재중심화 포인트는 자신이 진실 또는 거짓이라고 아는 것에 대한 자기 신뢰입니다. 가스라이팅을 하는 사람들은 대상의 취약점을 이용해 외적으로 설득력 있는 주장을 합니다. 이들은 대상이 자신의 말을 듣지 않으면 친구, 직장, 돈을 잃게 될 것이라고 주장합니다. 그들은 빈말과 달콤한 언사로 대상을 붙잡으려 합니다. 이러한 행동은 진정한 변화를 의미하지 않습니다. 이들의 말이 아니라 행동에 집중하십시오. 친구, 가족, 믿을 만한 동료들에게 연락해 지원과 의견을 받아 보세요.

가스라이팅에서의 감정적 협박은 관계 학대의 한 형태입니다. 학대성 관계의 구성 요소를 조금 더 살펴보겠습니다.

학대성 관계의 구성요소

학대성 관계는 원치 않는 신체적 행위와 정서적 학대를 포함합니다. 정서적 학대는 모욕, 욕설, 비난, 위협 등 언어적 학대의 형태로 나타나는 경우가 많습니다. 정서적 학대는 대상을 방어적으로 만들며 상황을 두려워하면서도 스스로 갇힌 느낌을 받도록 합니다('여기 있고 싶지 않지만 도망가지 못하겠어.'). 가스라이팅과 유사한 강압이 학대의 신호일 수 있습니다. 주요 세부 사항을 공유하지 않는다든가 금전적 결정이나 자금 접근을 차단하는 것이 그 예로, 가스라이팅을 하는 사람은 대상이 보거나 할 수 있는 것들을 제한합니다.

당신의 안전이 가장 중요합니다. 당신이 학대성 관계에 놓여 있다고 의

심되면 전문가의 도움을 받으십시오. 법적인 도움도 좋습니다. 이를 통해 당신의 권리와 가능한 행동을 파악하십시오. 학대하는 상대방이 학대를 부인하거나 변화를 거부한다면 분리도 고려하십시오. 함께 산다면 그 집을 나와서 안전과 웰빙을 보호할 수 있는 다른 방법을 찾으십시오 (Sarkis 2020 참조).

위에서 설명한 학대가 없다고 해도 문제가 있는 관계는 여전히 스트레스를 유발하고 불만족스럽고 건강에 좋지 않습니다. 아래에서는 ADHD의 영향을 받는 관계에서 흔히 겪는 어려움에 대해 설명하겠습니다.

문제적 관계

ADHD가 있는 커플 중 많은 이가 의사소통 부족, 금전 및 양육 스트레스, 의견 차이로 어려움을 겪습니다. 커플 중 한 사람만 ADHD가 있어도 이러한 어려움은 가중됩니다. ADHD가 있는 커플 조사에 따르면(Pera & Robin 2016), 가장 많이 언급되는 스트레스 요인은 주의 산만, 세부 사항에 대한 기억 부족, 약속 이행 부족입니다. ADHD의 일관성 있는 일관성 없음은 부부 관계와 가정 관리에 있어 기대되는 역할 이행 기대를 약화시킵니다. 업무, 양육, 금전 및 기타 의무를 동시에 처리해야 할 때 문제는 더욱 복잡해집니다.

집안일은 일반적인 관계 스트레스 요인입니다. 예를 들어 초기에는 한 사람이 기본적으로 집안일을 할 수는 있겠지만 이러한 무언의 합의는 오래 가지 못합니다. 상황이 변하면 집안일 분담은 재협상될 수 있으며, 각각에게 가장 적합한 방식으로 나눌 수 있습니다. 회사 업무도 같은 방식으로 나눌 수 있습니다.

ADHD가 있는 성인은 더 구체적인 불만 사항이 있을 수 있습니다. 상대방이 ADHD를 이해하지 못하는 경우 ADHD 성인의 행위나 무행위의 의도에 대해 오해할 수 있습니다. 이러한 오해는 "네가 나를 사랑한다면, X해 줄 텐데."와 같은 형태일 겁니다. 그렇다고 해서 ADHD가 있는 파트너가 항상 면책되어야 하는 것은 아닙니다. ADHD의 어려움을 상호 이해하고 합리적인 논의와 타협이 이루어지는 건강한 중간 지점이 있습니다. 집안일이 그 예입니다.

ADHD가 없는 상대방은 ADHD가 관계에 미치는 영향에 대한 교육을 받으면 도움이 됩니다. 마찬가지로 ADHD가 있는 사람은 효과적인 의료적·비의료적 치료를 받으면 좋습니다. 공동 가사 달력과 같이 사회적 자본을 향상하는 대응 전략도 ADHD 성인에게는 필수입니다(Orlov 2010; Pera 2008). 효과적인 치료는 관계에 긍정적인 영향을 줍니다. 예를 들어 시간 관리 향상, 미루기 방지, 과업 실행 증가 등 가정과 직장에서 즉각적인 효과가 나타날 수 있습니다.

관계에서 대처 기술 사용하기

여러 가지 다른 역할을 할수록 ADHD의 영향이 뚜렷해집니다. 소속감과 지위 영역에서의 다양한 관계는 몇 가지 역할 과업으로 나눌 수 있습니다. 이러한 과업은 대처 기술을 활용하면 실행이 좀 더 용이해집니다.

구체적이고 실행 가능한 계획을 목표 지점에서 실행하는 SAP를 다시 상기해 드리겠습니다. 관계에서 활용할 수 있는 대응 전략이고, 이를 통해 스트레스와 불안을 줄일 수 있습니다. 몇 가지 상황과 이를 관리할 수 있는 방법을 살펴보도록 하겠습니다.

사회 규칙과 기준

주차장에 있는 입구와 출구 표지처럼 우리 삶에는 명확한 표지가 있습니다. 그러나 사회적 기준이나 규칙은 그렇게 명확하지는 않습니다. 이런 것들은 명시화되지 않은 것들도 있지만 여전히 방향을 제시합니다.

학교나 직장 등의 지위 측면에서 살펴보면, "재택 근무 가능한가요?", "출석 처리 되었나요?"와 같이 규칙에 대해 묻는 것도 좋은 자기 옹호 방법입니다. 이는 소속감 영역에서도 동일하게 적용될 수 있습니다. 행사의 드레스 코드나 저녁 회식비 배분에 대해 질문하는 것이 그 예입니다. 회사 근무 복장과 같이 명시적인 규칙도 있을 것이지만, 간단히 물어보는 것만으로도 규칙을 알아낼 수 있습니다. 어떤 사회 규칙은 스스로 파악해야 하기도 합니다. 유심히 살펴보십시오. 그렇지만 그 경우에도 물어보면 도움이 됩니다.

1:1 상호작용에 관한 일부 비명시적이고 비명문화된 기준이 있습니다. ADHD 성인이 겪는 비판에 관한 연구(Beaton, Sirois & Milne 2022)에 따르면, 충동성이 사회적 상황에서 가장 많이 언급되는 불만 사항이었습니다. 대화에 끼어들거나 독점하기, 엉뚱한 소리 하기, 사회적 신호 놓치기 등이 그 예입니다. 충동성에 대응하기 위한 방법은 위험성이 높은 상황

을 알고 해야 할 행동과 하지 말아야 할 행동 계획을 세워 놓은 뒤 그 상황에 돌입하는 것입니다. 이것은 실행 의도 기술을 활용하는 또 다른 방법이기도 합니다.

이러한 사회적 어려움은 다른 사람들과 교감하려는 열망에서 비롯된 것일 수 있습니다. 이러한 어려움이 낯설지 않다면 미리 게임 계획이나 행동 계획을 세우는 것이 도움이 됩니다. 예를 들어 대화를 하는 경우 세 문장 이상 말하지 않겠다고 계획하는 것입니다(Rosenfield, Ramsay & Rostain 2008). 이후에는 다른 사람이 말할 기회를 줍니다. 이렇게 하면 대화를 균형 있게 진행할 수 있게 됩니다. 또 다른 예로는 비즈니스 회의나 만찬에 참여할 때도 최소한 분위기 파악이 될 때까지는 웃긴 언사나 즉석 언사를 하지 않겠다는 계획을 세우는 것입니다.

이러한 대응 방법은 자기 주장을 위한 자기 역할 정의 전략에서 유래하며, 사회적 상황에서 자신의 특정 역할을 위한 행동 지침으로 재사용할 수 있습니다. 예를 들어, 개인적인 정보를 과도하게 공유하는 경향이 있거나, 대화를 독점하지 않고 다른 사람에게 관심을 보이는 것이 목적이라면, 즉흥적으로 대처하기보다는 구체적인 상황에 맞는 계획을 세우는 것이 좋습니다(예를 들어, '나는 내 이야기를 하기 전에 그들에 대해 먼저 물어볼 것이다.'). 이는 관계를 과업처럼 여기는 변형된 접근 방식으로, 직장 면접을 준비하는 것과 유사합니다.

제한을 둔 상호작용

어려운 상황에 대처할 수 있는 자신의 능력을 간과해서 사회적 자본을 충분히 사용하지 못하고 있을 수도 있습니다. 제한을 두거나 균형 잡힌 사회적 상호작용을 하는 것은 자신의 장점을 활용하고 약점을 피하면서 상호작용을 효과적으로 관리하는 방법입니다. 사교 모임이 길어질수록 인지 및 억제 에너지가 더 많이 필요하게 되므로, 나중에는 지쳐서 충동적으로 행동할 가능성이 높아지기 때문입니다.

예를 들어 친구가 저녁 초대를 하는 경우, 자신이 애피타이저 후에는 불안하고 산만해질 가능성이 높은 경우 커피나 점심을 먹자고 제안하세요. 가족 행사를 하루 종일 하는데 오감이 피곤할 것 같으면 도착과 출발을 감당할 수 있는 시간으로 조정하시면 됩니다. 성공을 위해 자신의 자본을 활용하는 예입니다. 집중력을 유지하기 위해 더 많은 노력을 하는 대신 자신의 집중 시간에 맞는 계획을 세우세요. 화살이 명중하지 않을 것 같으면 과녁을 옮기면 됩니다.

효과적인 커뮤니케이션

이 주제는 자기 주장과 유사합니다. 듣기에는 좋지만 실제 상황에서 실행하기는 쉽지 않습니다. 여기서도 다시 SAP 계획을 적용하도록 하겠습니다. 구체적이고 실행 가능한 계획을 목표 지점에서 적용합니다.

좋은 커뮤니케이션을 하려면 적절한 모드나 마음가짐에 들어서는 것이 도움이 됩니다. 미리 잡힌 취업 인터뷰가 있으면 계획을 미리 세우고 면접장으로 들어갑니다. 마찬가지로 사적인 대화가 있어도 즉석으로 하는 것보다는 미리 계획을 세우는 것이 도움이 됩니다.

교수님, 상사, 배우자나 애인과의 중요한 대화도 미리 계획을 세우십시오. 이러한 인간 관계 약속을 잡으면 즉석에서 논의를 하지 않아도 되므로 산만함이나 충동성을 예방할 수 있습니다. 소속 관계 영역에서 민감한 주제에 관한 대화, 예를 들면 금전이나 양육에 관한 대화는 감정을 건드릴 수 있습니다. 협력적이고 개방된 마음가짐으로 대화를 시작하고 감정을 항상 견제하도록 노력하십시오. 예를 들어 상대방이 이야기할 때 반대 의견을 생각하지 말고 이해를 해야겠다는 목표로 경청하십시오. 대답할 때 잠시 멈추고 의도적으로 단어를 선택하십시오. 신중하게 쓴 문구나 요점 정리를 한 노트를 준비해 오는 것은 반칙이 아닙니다. 대화 중에 이 노트를 참고해도 좋습니다. 상대방에게 이러한 얘기가 중요하고, 상대방의 생각을 높이 평가하며 잘 이해하고 기억하고 싶다고 설명하십시오.

종료 시점을 합의하는 방식으로 대화를 제한하는 것도 도움이 됩니다. 감정이 격해지면 잠시 식힐 시간을 갖기로 합의하는 것도 좋습니다. 그러나 감정을 가라앉힌 후에는 논의를 재개해 공정한 결론에 도달할 수 있도록 해야 합니다. 친한 사이라면 대화 후 산책 등 친밀한 활동을 하는 것도 좋습니다.

커뮤니케이션은 자신이 자신의 역할을 관리하고 긍정적인 대화 분위기를 만드는 도구이기도 합니다. 한 가지 커뮤니케이션 기술은 상대방에 동의하지 않더라도 상대방의 말에서 진실성을 찾는 것입니다. "네 말이 맞아.", "왜 그렇게 말하는지 이해해."라고 한다면 상대방이 반대하기가 쉽지 않습니다. "네 입장이라면 나도 그랬을 것 같아.", "정말 속상했겠다." 등으로 상대방의 입장을 이해하는 말도 해줄 수 있습니다. "나는 ~ 하는 기분이 들어." 형식을 사용해 당신의 입장도 공유할 수 있습니다. "네가 나더러 내 ADHD를 언급하지 않았으면 좋겠다고 할 때마다 나는 무시당하는 기분이 들어."라고 할 수 있습니다(Burns 2020 & Spradlin 2003 조언 참조)

이러한 주고받기 접근방법을 활용하면 타인을 경청하고 의견을 수용하며, 더 쉽게 자신의 의견을 제시하고 요청을 할 수 있게 됩니다. 이러한 커뮤니케이션 기술을 활용하면 건강한 방법으로 인간 관계를 형성할 수 있습니다.

자신의 영향력을 발휘할 수 있는 다른 방법은 자신의 주변 사람들을 선택하는 것입니다. 가족, 직장, 학교 구성원은 자신이 선택할 수 없습니다. 그러나 그 외에서는 당신을 지지하는 사람을 선택할 수 있습니다.

지지 그룹 찾기

이해와 수용을 받는다는 느낌은 대체로 삶의 주요한 지지 원천입니다. 또한 ADHD 성인이 접하는 비난과 RS로부터 자신을 보호할 수 있는 요인이기도 합니다(Beaton, Sirois & Milne 2022).

도움을 요청하고 받는 것처럼 자신을 지지해 주는 사람을 찾는 것은 기회를 찾고 활용하는 단계를 필요로 합니다. 이를 위해 교감 기회를 제공하는 ADHD 공동체가 늘어나고 있습니다. 많은 ADHD 조직들이 가상 만남, 서포트 그룹, 강연 행사를 주최하고 있습니다. 연례 국제 ADHD 회의는 ADHD 전문가뿐 아니라 ADHD 성인들이 모일 수 있는 기회를 제공합니다. 이 행사는 ADHD 아동 및 성인(Children and Adults with Attention-Deficit/Hyperactivity Disorder, CHADD), 주의력 결핍 장애

협회(Attention Deficit Disorder Association, ADDA), ADHD 코치 조직 (ADHD Coaches Organization, ACO) 등이 공동 주최합니다. 지역 지부와 프로그램을 통해 이들 조직과 연결을 통해 ADHD에 관심있는 사람들 - 의료 전문가, 교육자, 이들을 사랑하는 사람들 - 이 유용한 정보를 얻고 있습니다.

관계 계좌 평가하기

자신의 능력을 믿고 자신의 기술을 활용해 관계를 구축하고 관리하세요. 관계 계좌가 완벽할 필요는 없습니다. 신뢰가 쌓인 좋은 관계에서는 서로 채무가 있을 수 있습니다. 균형이 조금 부족해도 심각하지 않으면 됩니다. 그러나 상호 호혜와 지지 부족과 같은 문제가 발생할 때는 계좌 상태에 주의를 기울이세요.

ADHD와 관련된 문제가 발생할 수 있는 관계 과업을 관리하는 방법을 중점적으로 설명했습니다. 그런데, 자신뿐 아니라 상대방도 계좌를 관리할 책임이 있음을 명심하십시오. 좋은 관계는 협력과 타협을 담보로 합니다. ADHD가 스트레스를 일으킨다는 것을 아는 친구는 당신의 건망증을 이해해 모임 전에 문자 메시지를 보내서 보완해 줄 수도 있습니다. 자신이 손이 많이 가는 것이 아닌가 고민이 된다면 특정 음식을 못 먹는 친구를 생각해 보십시오. 이런 주고받기는 서로 미안해하지 않고도 할 수 있는 겁니다.

성찰하기

사회 영역에 있는 다른 사람들이 좀 더 잘 이해하고 수용해 줬으면 하는 ADHD 특징은 무엇인가요?

정리

관계는 각각 어려움과 기회가 모두 다르기 때문에 관계를 관리하는 것은 광범위하고 미묘한 주제입니다. 프로파일링이라는 단어가 부담스럽게 느껴질 수 있지만, 사실 우리는 관계를 프로파일링하고 있습니다. 예를 들어, 민감한 문제를 믿고 터놓을 수 있는 친구와 그렇지 않은 친구를 구분할 수 있으며, ADHD를 이해하는 사람과 이해하려고 하지 않는 사람을 알고 있습니다. 이와 같이 당신 또한 다른 사람들에 의해 프로파일링되고 있다는 점을 명심하세요. 인간은 자연스럽게 서로의 사회적 지위를 평가합니다. 이러한 평가를 통해 현실적이고 상호적인 기대치를 설정하여 동료, 친구, 사랑하는 사람들과의 관계를 선택하고 유지할 수 있습니다. 특히 ADHD 성인들은 자신의 강점을 존중하고 ADHD를 이해하는 사람들과의 관계에서 큰 이점을 얻습니다. 8장에서는 자신의 강점을 강조하고 향상된 기술을 활용해 관계뿐 아니라 전반적인 웰빙을 향상하는 방법을 다룹니다. 이를 위해 스트레스와 불안을 줄이기 위한 생활 방식도 함께 살펴볼 것입니다.

제8장

자신의 장점과 자기 관리를 통한 스트레스 관리

지금쯤이면 이 책의 기술을 사용함에 있어 자기 신뢰가 늘었을 것이라 생각합니다. 흔히들 겪는 실수에서 회복하는 성공적인 경험도 하셨을 것입니다.

때때로 성인 ADHD를 위한 CBT는 실망스러울 수 있습니다. 왜곡된 생각, 실행 기능 장애, 자기 불신, 불안의 불편함, 직장, 학교, 관계 문제 등을 찾아보라고 요구받기 때문입니다. 이러한 요구 사항은 끝도 없게 느껴질 수 있습니다. 그렇지만 이렇게 아픈 부분은 미루기, 시간 관리 부족, 관계 문제, 스트레스와 불안에서 ADHD의 역할을 해결하는 출발점이기도 합니다. 이를 바탕으로 문제를 역으로 분석하고 긍정적인 변화를 만듭니다.

이 책에서 배운 기술은 의도를 행동으로 전환할 뿐만 아니라, 강점과 적성을 발휘하는 데에도 도움이 됩니다. 이러한 강점은 진전을 지속하고 이전에 중단했거나 포기한 목표를 재검토하는 데 사용할 수 있습니다. 이제 ADHD를 지니고도 잘 지내기 위한 대처 노력을 강화할 수 있는 건강과 웰빙 주제를 탐색해 보겠습니다. 먼저, 강점부터 살펴보겠습니다.

내 성격의 강점은 무엇일까?

성격강점척도(Values in Action Inventory of Strengths, VIA 강점 검사; Peterson & Seligman 2004)는 '긍정심리학'의 확장입니다. 긍정심리학은 회복탄력성, 외상 후 성장, 번영과 같이 인간 본성의 적응적 특징을 정확히 파악하는 심리학입니다(Seligman & Csikszentmihalyi 2000). 이 VIA 강점 검사 설문지는 자신이 파악한 성격 강점 프로필을 만드는 데 사용됩니다. 온라인에서 무료로 작성할 수 있습니다. 여기서는 이 리스트를 활용해 성찰해 보도록 하겠습니다.

성찰하기

VIA 강점 검사 항목은 다음과 같습니다. 나에게 해당하는 경우 체크하세요.

- □ 창의성: 영리함, 문제 해결 능력, 독특한 시각
- □ 호기심: 새로운 것에 관심, 새로운 아이디어에 개방적
- □ 판단력: 비판적 사고, 열린 마음, 철저한 사고
- □ 배움에 대한 사랑: 새로운 기술과 주제를 마스터하려는 욕구, 배우려는 자세
- □ 관점: 지혜롭고 종합적 시각을 가지며 좋은 조언을 제공
- □ 용기: 용감함, 옳은 일을 위해 목소리를 내며, 두려움 때문에 회피하지 않음
- □ 인내: 끈기, 성실성, 시작한 일을 끝까지 해냄
- □ 정직: 진정성, 신뢰할 수 있음, 성실함

□ 열정: 열정적, 에너지가 넘침, 전념, 일을 중간에 멈추지 않음

□ 사랑: 진심, 따뜻함, 가까운 관계를 소중히 여김

□ 친절: 관대함, 배려, 동정심, 이타적

□ 사회적 지능: 타인의 동기와 감정, 거슬려 하는 것을 잘 파악함

□ 팀워크: 팀 플레이어, 사회적 책임감, 충성심

□ 공정성: 공평함, 감정이 타인에 대한 결정에 영향을 주지 않음

□ 리더십: 그룹 활동을 조직하고 그룹의 목표를 격려함

□ 용서: 관대함, 타인의 결점을 수용하고 두 번째 기회를 제공

□ 겸손: 자신을 낮춤, 거만하지 않음

□ 신중함: 조심스러움, 불필요한 위험을 감수하지 않음

□ 자기 조절: 자기 통제, 충동과 감정을 관리함

□ 미와 탁월성에 대한 감상: 아름다움에서 경외와 경이로움을 느낌, 타인에게서 영
  감을 받음

□ 감사: 좋은 것에 대해 감사하며 축복받았다고 느낌

□ 희망: 낙관적, 미래 지향적

□ 유머: 장난스러움, 미소를 유도함, 마음을 가볍게 함

□ 영성: 의미를 추구함, 목적 추구, 신성한 것과 교감을 느낌

성공한 ADHD 성인과의 연구 인터뷰를 통해 확인한 추가 강점이 있습니다(Sedg-
wick, Merwood & Asherson 2019). 나에게 해당하면 체크하세요.

□ 확산적 사고: 틀을 깨는 사고, 혁신적인 아이디어, 유연한 사고방식

□ 초집중: 목표 지향적, 지속적인 집중, 생산적인 상태

□ 비순응주의: 다르게 느낌, 아웃사이더

□ 모험심: 스릴 추구, 경험과 도전을 찾음

□ 자기 수용: 어려움에도 불구하고 자신의 강점을 볼 수 있는 능력, 타인에 대한 관
  대함

□ 승화: 강점, 적성, 열정을 활용해 어려움 극복하기

이 성찰을 바탕으로 나의 강점을 활용하는 연습을 해 봅시다.

연습하기

혼합형 실습-성찰 활동을 해 봅시다. 다음 질문에 답해 보세요. 이 질문에 주기적으로 대답하는 것도 좋은 방법입니다.

삶에서 추구하고 싶은 과업, 노력, 목표는 무엇입니까? 이 책에서 제시하는 어떤 개인적 강점과 기술이 그러한 목표를 달성하는 데 도움이 될까요?

성인 ADHD-불안 연결의 영향을 받은 개인적인 상황 중에서 이제는 다른 방식으로 접근할 수 있게 된 상황은 어떤 것이 있나요?

미뤄둔 일이나 노력, 목표 중에서 다시 살펴보고 싶은 것이 있나요?

일상 생활에서 이제 대면할 준비가 된 구체적인 불편함이나 불안은 무엇인가요? 사소한 것도 괜찮습니다(명심하세요. 우리는 작은 것부터 시작합니다.).

자신의 강점을 파악했으니 건강과 웰빙에 적용하는 법을 배워 봅시다.

자기 관리

자기 연민을 자신과의 관계로 소개한 바 있습니다. 가장 먼저 나타나는 실행 기능은 자신을 규제가 필요한 독립된 자아로 인식하는 것입니다(Barkley 2015). 따라서 자기 관리가 필수적이며, 감정은 신체적 요구를 나타내는 척도가 됩니다(Mlodinow 2022). 자기 관리의 이점은 스트레스와 ADHD의 영향을 완화하고 이에 따라 대처 능력을 높일 수 있습니다. 이제 자기 관리를 촉진할 수 있는 방법을 살펴보겠습니다. 지금부터는 가장 기본적인 니즈인 수면을 예를 들어 자신을 관리하는 방법에 대해 살펴보도록 하겠습니다.

수면

수면 문제는 성인 ADHD에서 흔히 나타납니다. 특정 생각에서 헤어나올 수 없거나, 밀린 일을 하느라 밤을 샌다든가, 스트레스 쌓이는 하루 일을 마치고 혼자만의 평화로운 시간을 갖기 위해 잠을 피하거나, 심하게 피곤한 상태에서도 내일의 스트레스를 마주하는 것을 피하고 오늘을 조금 더 연장하려고 억지로 잠을 참기도 합니다.

숙면을 위한 첫 단계는 수면도 하나의 과업으로 여기는 것입니다. 다른 미루기 방지 계획과 마찬가지로, 먼저 수면의 가치를 평가하는 것부터 시작합니다. '잠자리에 들 시간'을 설정하면 중요한 목표 지점이 생깁니다. 이 목표 시각에서 거슬러 올라가며 수면 모드에 들어가기 위한 일련의 과정을 계획하세요. 다음 날 입을 옷을 준비하거나 물건을 챙기는 것과 같은 준비 과정을 포함해도 됩니다.

가정 내 신호도 수면 목표 지점을 제공합니다. 즉, 배우자와 함께 침대로 가는 과업이 잘 시간이라는 신호가 됩니다. 다음 날 점심 도시락을 싸거나 이 닦기 등 저녁 과업을 끝내고 잠자리에 들도록 할 수도 있습니다.

만약 지루함이나 긴장감 때문에 잠드는 것을 꺼린다면, '편안한 매체'를 사용하는 것도 하나의 절충안이 될 수 있습니다. 여기서 편안한 매체란 수면을 촉진하기 위해 침대에서 비디오, 팟캐스트, 책 등을 즐기는 것을 의미합니다. 중요한 점은 이미 매우 익숙한 콘텐츠를 선택하는 것입니다. 긴장감을 주는 소설이나 정치 인터뷰가 아니라 이미 여러 번 읽거나 보았거나 들었던 내용으로, 즐겁지만 자극적이지 않아서 잠을 방해하지 않는 것이어야 합니다. 편안한 매체는 아이의 잠자기 전 동화책처럼 편안함을 주고 잠에 들도록 도와 줍니다.

'잠자리에 들 시간'이라는 목표 지점은 수면 계획의 절반일 뿐입니다. 어쩌면 더 중요하다 할 수 있는 나머지 절반은 매일 취침 시각과 상관없이 기상 시간을 동일하게 하고 지키는 것입니다. 더 정확히 말하면, '일어나서 침대에서 나오는 시간'이 하루를 시작하는 중요한 시작점입니다. 이러한 수면 제한은 불면증을 위한 CBT의 핵심 원칙으로, ADHD의 아침 기상 문제에도 유용합니다. 일어나서 하루를 시작하는 것은 집중력과 에너지를 제공해 하루를 잘 헤쳐 나갈 수 있게 됩니다.

성찰하기

저녁 때 잠자리에 들기 전에 할 수 있는 몇 가지 활동을 생각해 보십시오. 아래의 예를 참고해도 좋습니다.

- 내일 입을 옷 챙기기
- 컴퓨터 가방이나 배낭 등 등교나 출근에 필요한 물품 챙기기
- 전자기기 충전하기
- 내일 먹을 점심 싸기(본인 및 자녀)
- 집안 정리하기

- 반려동물 돌보기
- 자기 전에 재미있는 영상이나 책 보기
- 휴식 또는 마음챙김 운동 실천하기
- 양치질, 피부 관리, 기타 저녁 루틴 수행하기
- 침대에서 편안한 매체 사용하기

쉽게 잠드는 데 도움이 되는 기타 활동을 적어 보세요.

숙면은 건강한 일과와 ADHD 관리에 도움이 됩니다. 식욕과 에너지를 포함한 신체 조절도 지원합니다. 관련 과업과 습관에도 도움이 됩니다. 아래에서 설명할 관련 과업과 습관 역시 유용합니다.

운동과 건강한 식습관

플래너 사용에 대해 의구심을 가졌던 것처럼, '건강한 음식을 준비하고 운동할 시간을 어디서 찾지?'라고 생각할 수 있습니다. 이 섹션에서는 구체적이고 실행 가능한 과제와 목표 지점에 중점을 둔 SAP 계획을 바탕으로 건강한 행동을 촉진하기 위한 방법을 소개합니다. 첫 번째는 운동입니다.

▪ 운동

여기서 운동은 '건강 전반에 도움이 되는 움직임이나 활동'으로 광범위하게 정의합니다. 활동 범위는 편안히 앉아 있는 것부터 격렬한 운동까지 다양합니다. 기본적인 목표는 가만히 앉아 있는 것을 줄이는 것입니다(2018 Physical Activity Guidelines Advisory Committee 2018). 요가나 자전거 타기처럼 루틴이 형성되면 플래너에 적고 계획하고 추적하십시오. 운동 시간을 정하고 싶다면 플래너를 보고 업무 후 또는 업무 사이의 빈 시간을 고르세요. 운동은 미루기 방지 기술을 활용할 수 있는데, 시간 제한을 두거나(예: 조깅 또는 러닝머신 30분), 과업 중심(동네 두 바퀴 돌기)으로 정할 수 있습니다.

운동은 '해야 하는 일'과 '하고 싶은 일' 모두에 해당합니다. 과업이 끝나면 기분이 좋아집니다. 그러나 회피-도피가 쉽게 작용할 수 있는 일이기도 합니다. 기분이 날 때까지 기다리는 것은 비현실적입니다. '차 키를 집으면 요가 수업에 갈 것이다.' 또는 '운동화를 신으면 동네를 한 바퀴 돌 것이다.'와 같이 활동 중심의 실행 계획이 도움이 됩니다. 걷기 동반자와 같이 '바디 더블링'도 운동을 지속하는 데 도움이 됩니다.

운동은 스트레스 완화와 핵심 습관으로 기능하는(Duhigg 2012) 등 여러 효과가 많지만 ADHD 증상에도 단기적인 효과가 있습니다(Ratey 2008). 핵심 습관은 긍정적인 파급 효과가 있는 습관을 의미합니다. 예를 들어, 운동은 수면 개선과 건강한 식습관으로 연결될 수 있습니다. 물론 새로운 운동 계획을 세울 때는 의료 전문가와 상담하세요.

성찰하기

신체 건강 개선을 위해 실천할 수 있는 행동에 대해 생각해 봅시다. 다음은 몇 가지 예시입니다.

- 엘리베이터 대신 계단 이용하기
- 계단을 오르내리거나 집 밖을 여러 번 오가며 걸음 수 늘리기
- 건물 입구에서 멀리 주차하기
- 정원 가꾸기와 같은 활동적인 집안일을 운동 기회로 삼기
- 아침이나 저녁 때 규칙적으로 걷기

신체 건강 향상을 위해 스스로 실천할 수 있는 행동을 적어 보세요.

▪ 건강한 식습관

여기서는 '식이요법'이라는 단어 대신 의도적으로 '건강한 식습관'이라는 용어를 사용하고 식습관과 음식에 대한 태도와 감정이 선택에 미치는 영향을 다루는 데 중점을 둡니다. ADHD 치료에 권장되는 특정 식단은 식품 알레르기와 민감성 또는 셀리악병(역자주: 장 내 영양분 흡수를 저해하는 글루텐에 대한 감수성이 증가하여 나타나는 알레르기 질환으로 자가 면역 질환의 일종)에 따른 의학적 조언 외에는 없습니다.

늘 그렇듯 구체적이고 실행 가능한 계획이 광범위하고 모호한 계획보다 낫습니다. 식습관 목표를 달성하는 한 가지 방법은 새로이 도입하거나 늘리고 싶은 건강한 행동, 줄이고 싶은 건강하지 않은 행동을 한 가지씩 정하는 것입니다. 예를 들어, 포도와 같이 건강에 도움이 되는 간식을 늘리고 집에 있는 쿠키를 없애는 행동을 하는 것입니다.

건강한 식습관에는 일일 플래너가 도움이 됩니다. 식료품 선택은 장보기와 연결되어 있습니다. 장보기를 제대로 하지 못하면 배달 음식에 과도하게 의존할 수 있고, 결과적으로 건강한 선택은 줄어들게 됩니다. 시간 관리와 실행 기술을 활용해 ADHD 성인이 식료품점에서 겪는 압박감과 감각 과부하를 줄일 수 있습니다. 인터넷으로 식료품을 주문하는 것도 도움이 됩니다. 밀키트도 좋은데 가격이 비싼 경우가 많습니다.

많은 사람들이 요리를 좋아하기는 하지만 요리는 시간과 에너지 비용이 듭니다. 일상적 식사 선택과 준비가 스트레스를 유발한다면 주말에 한 주의 먹거리를 미리 준비하는 것도 한 방법입니다. 이렇게 하면 준비된 음식을 주중에 먹을 수 있습니다. 스프, 샐러드, 샌드위치처럼 간단하고 건강한 식사를 해도 좋습니다. 어떤 방식을 선택하든 미리 준비해 두면 인지적 부하와 시간 및 에너지 낭비를 막을 수 있습니다.

배고픔과 식습관에 대한 신념과 감정도 중요합니다. ADHD 성인은 충동적이고 감정적이며, 스트레스가 쌓이면 폭식하는 경향이 있습니다(El Archi 외 2020). 종종 사고와 감정이 근거 없이 충동적 식탐을 정당화하기도 합니다(J. S. Beck 2008). 이러한 경향을 막기 위해서는 집에 간식을 두지 말고, 뷔페와 같이 식탐을 해결할 수 없는 상황을 만나지 않도록 조심해야 합니다.

식탐을 유발하는 음식을 만났을 때의 감정과 신체 신호를 인식하면 거기에 이름표를 달아 이러한 충동에 굴복하지 않는다는 점을 상기함으로써 대처할 수 있습니다. 요리 프로그램에 나온 음식이 군침이 돌게 만든다고 해서 배가 고픈 것은 아닙니다. 이러한 자동적인 생각과 감정을 인식하고 평가하며 불편함을 견딤으로써 충동을 지연시킬 수 있고, 이를 통해 더 신중한 선택을 할 수 있게 됩니다.

성찰하기

다음은 식욕을 느낄 때 이에 잘 대처하기 위해 스스로에게 던질 수 있는 질문입니다.

진짜 배고픔인가요, 아니면 맛있어 보이는 음식에 자극을 받은 건가요?

이 음식이 나의 건강한 식습관에 어떻게 부합하나요?

이 감정을 견디며 먹고 싶은 충동을 5분 이상 미룰 수 있나요?

유혹적인 상황에서 벗어날 수 있나요?

음식을 먹기로 했다면 먹는 양을 조절할 수 있나요?

음식을 먹는 것을 정당화하는 나의 생각은 무엇인가요? 다른 방식으로 생각할 수 있나요?

'X라면 Y한다'라는 실행 계획은 무엇인가요?

때로는 달콤한 간식처럼 덜 건강한 음식을 먹기로 한 적이 있을 것입니다. 그럴 때는 적당한 범위 내에서 유지하는 것을 목표로 하세요. 아이스크림을 작은 그릇에 덜어 먹는 것과 같은 양 조절은 제한적 식이입니다. 음식 일기를 쓰거나 플래너에 식사를 적는 것처럼 먹을 것을 기록하는 것은 외재화된 정보를 제공해 더 건강한 선택을 하는 데 도움이 됩니다. 예를 들어 그 기록을 보고 식사에 과일과 채소를 추가하기로 동기부여 받을 수 있습니다.

식이행동과 관련해 문제가 있다고 생각되면 의료 전문가와 상담하세요.

식사 시간은 다른 행동으로 전환할 수 있는 좋은 목표 지점입니다. 예를 들어 저녁 식사 후 산책을 습관화할 수 있습니다.

휴식 시간

휴식 시간은 일정에서 소중한 자산입니다. 휴식 시간은 쉬고 재충전하며 마음을 비우기 위해 하는 모든 행동을 의미합니다. 이러한 행동이 반드시 저강도 활동일 필요는 없지만, 어느 정도의 평온함은 나쁜 것이 아닙니다. 야외 산책, 독서, 요가와 같이 마음을 편안하게 해 주는 활동을 즐길 수 있습니다. 반면, 달리기, 자전거 타기, 암벽 등반처럼 더 활동적인 휴식을 선호할 수도 있습니다. TED 강연을 보거나 팟캐스트를 듣는 것처럼 마음을 사로잡는 활동을 통해 재충전할 수도 있습니다. 어떤 방식이든 자신에게 효과가 있고 마음의 평화를 제공하는 것이면 됩니다.

성찰하기

마음의 평화를 주는 휴식 활동 목록을 만들어 보세요. 휴식 활동을 지정해 두면 뭔가를 하고 싶지만 무엇을 해야 할지 모를 때 참고할 수 있는 목록이 생깁니다. 다음은 몇 가지 예시입니다.

- 낮잠 자기
- 즐거움을 위한 독서
- 산책이나 자전거 타기
- 조용히 앉아 있기
- 야외로 나가기
- 비디오 게임하기(이것을 좋아한다고 해서 죄책감을 느끼지 마세요. 다만 양 조절은 필요합니다.)
- 음악 듣기 또는 악기 연주하기
- 퍼즐 맞추기
- 십자말 풀이나 스도쿠 풀기
- 스키 또는 수상스키 타기
- 수영하기

자신에게 마음의 평화를 주는 휴식 활동 목록을 만들어 보세요.

성인 ADHD와 불안 다스리기

휴식 시간이 제한되는 날도 있겠지만 균형을 유지할 수 있는 만큼의 휴식 시간은 가져야 합니다. 휴식 시간에는 휴대폰이나 전자기기를 사용하는 경우가 많지만, 이는 양날의 검일 수 있습니다. 이에 대해서는 아래에서 다루겠습니다.

기술 및 전자기기와의 관계

기술과 전자기기는 많은 이점에도 불구하고 ADHD 성인들에게 특히 회피-도피의 수단이 될 수 있습니다. 더 나아가, 휴식 시간 동안 기술을 즐기는 것도 진정한 휴식이 아닐 수 있습니다. 해야 할 일들—집안일, 업무 프로젝트, 운동—이 머릿속에서 해결되지 않고 남아 있으면 정신 에너지를 소모하게 됩니다. 이러한 인지적 부담은 ADHD와는 별개로 우리의 뇌 회로를 방해해 심리적·신체적 건강에 영향을 미칩니다(Levitin 2014; Paul 2021; Porges 2021).

미루기 방지 계획을 활용하면 이러한 기기가 과업에 필수적인지 여부를 결정하는 데 도움이 됩니다. 필수적이지 않다면, 기기는 멀리 두고 시야에서 벗어나게 해야 합니다. 과업에 컴퓨터가 필요할 때처럼 불가피한 경우에는 유혹을 피하기 위한 전략이 필요합니다. 예를 들어, 기기를 비행기 모드로 설정해 온라인 접근을 차단할 수 있습니다. 유혹 또는 실수를 다루는 맞춤형 실행 계획이 이러한 상황에 적합합니다. ('내가 온라인 쇼핑을 하고 있다는 것을 깨달으면, 이를 멈추고 마지막 문단을 다시 읽을 것이다.') 또한, '너는 SNS를 확인하기 전에 한 시간 동안 공부할 수 있어.'와 같은 거리두기 자기 대화를 사용할 수도 있습니다.

기기를 확인하고 싶은 충동은 다른 회피 충동과 마찬가지로 당신이 과업을 바라보는 관점, 즉 스트레스나 거부감과 같은 감정을 드러냅니다. 이러한 감정을 예측하면 미루기 방지 계획을 세우고, 작업 방해 감정을 느낄 때 대응할 전략을 수립할 수 있습니다. 회피-도피 충동은 종종 작업을 시작할 때 터져 나옵니다. 예를 들어, 기분을 내기 위해 휴대폰을 확인하거나, 조금이라도 일을 했다는 이유로 스스로에게 하는 보상을 정당화할 수 있습니다. ('좋은 출발이야. 기분이 좋네. 보상으로 어젯밤의 경기 결과를 확인해 볼까?') 이런 패턴이 익숙하게 느껴지나요?

이러한 과업 이탈은 까다로운 부분이 있습니다. 과업의 지속도에 따라 이런 이탈은 휴식이 필요하다는 신호일 수도 있고, 목표를 달성했으니 멈춰도 된다는 의미일 수 있습니다. 이러한 판단은 솔직한 자기 평가와 정보에 근거한 결정을 필요로 합니다. 집 수리나 글쓰기 과제와 같은 진행 중인 프로젝트에서 과업 세션을 마무리할 때는 다음 과업 세션을 일정에 포함시키는 것이 좋습니다.

휴식은 중요한 목표 지점입니다. 일정한 시간을 정해 둔 휴식은 다시 작업으로 돌아가는 데 유용합니다. 과업 시간을 정해두는 것처럼, 휴식도 시간 제한을 두거나 특정 과제를 기준으로 하는 것이 좋습니다. 예를 들어, '10분 동안 쉬기'나 '커피 한 잔 마시기'처럼 명확한 끝이 있는 휴식이 도움이 됩니다. 다시 작업에 몰두할 수 있도록 구체적인 실행 계획을 세우는 것도 중요합니다.

성인 ADHD와 불안 다스리기

성찰하기

구체적이고 실행 가능한 단계를 목표 지점에서 실행하는 SAP 정신에 입각해 실험해 볼 수 있는 몇 가지 아이디어를 제안합니다. 완벽보다는 진전을 목표로 하십시오.

• 휴대폰을 주머니나 서랍처럼 손이 닿지 않는 곳에 두고, 다른 일을 할 때 확인하는 시간을 지연시키는 연습을 해 보세요. (자녀의 학교나 반드시 받아야 하는 전화에만 고유한 벨소리를 설정할 수 있습니다.)

• 여러 명과 회의를 할 때, 상대방과 눈을 맞추는 것이 중요함을 명심하세요. 눈을 안 맞추기는 하지만 열심히 듣고 있다고 해도 이는 적극적 경청의 사회적 역할을 완전히 충족시키지 못합니다.

• 휴대폰 대신 옛날식 알람시계를 사용해 일어나세요.

• 소셜 미디어나 다른 계정에서 로그아웃해 매번 로그인하는 번거로움을 통해 확인 빈도를 줄이세요.

• 계획을 세운 후 기기를 사용하세요. 시간 제한과 거리두기 자기 대화를 결합한 계획입니다. '너는 네가 주문한 상품의 배송 현황을 확인하면 휴대폰을 다시 멀리 치울 거야.' 가 그 예입니다.

• 가족이나 친구와 함께(또는 혼자서) 기기 없는 시간을 가져보세요. 예를 들어, 식사 시간이나 보드 게임을 할 때는 기기를 멀리하는 것입니다.

기술 사용 시간을 잘 관리하기 위한 구체적이고 실행 가능한 단계를 나열해 보세요.

 지금까지 살펴본 모든 건강 및 웰빙 문제는 ADHD 성인 대부분이 익숙하게 겪는 실행 문제입니다. 지금부터는 많은 ADHD 성인이 직면하는 다른 복잡한 문제들을 간단히 살펴봅니다. 이러한 어려움은 전문가의 도움이 필요할 수도 있습니다.

웰빙에 영향을 미치는 다른 복잡한 문제들

 불안은 ADHD 성인들에게 가장 흔하게 동반되는 감정적 문제이지만, 그 외에도 정신적 · 신체적 건강 문제들이 있을 수 있습니다. 이러한 문제들은 ADHD가 삶에 미치는 영향을 고려한 전문 치료가 필요할 수 있습니다. 몇 가지 예를 살펴보겠습니다.

우울증과 기분 장애

 우울증은 성인 ADHD에서 가장 중요한 감정적 문제 중 하나로, 불안과 거의 동일한 빈도로 나타납니다. 우울증과 불안은 종종 함께 발생하니다. 불안의 주된 주제가 위험과 불확실성에 직면하는 것이라면, 우울증은 상실을 주제로 합니다. 이러한 상실은 기회와 인간 관계, 자존감 저하를 포함합니다. 여기에 ADHD가 영향을 미치기도 합니다. 자기 비판과 절망감 같은 감정적 증상 외에도, 우울증의 신체적 증상은 일상적인 활동을 더 어렵게 만듭니다. 기능적으로 문제가 없다 해도 삶이 더 힘들고 덜 만족스러울 수 있습니다. 자살에 대한 생각은 우울증의 흔한 증상 중 하나입니다. ADHD와 기분 장애가 있는 성인이 자살 위험이 있다는 확립된 증거가 있습니다(Barkley 2015).

성인 ADHD는 다수의 실패 경험과 관련이 있는데, 이는 우울한 기분과 비관적인 태도를 부추깁니다. ADHD와 우울증의 연관성은 회피-도피를 유발하며, 이는 더 많은 실패를 초래하는 악순환을 만듭니다(Knouse, Zvorsky & Safren 2013).

기분 안정에 도움이 되는 여러 가지 효과적인 항우울제들이 있으며, 많은 경우 ADHD 약물과 함께 처방이 가능합니다. CBT는 원래 우울증 치료를 위해 고안되었으며(A. T. Beck 1967), 이 책에서도 많은 CBT 전략들을 기분 개선에 활용하고 있습니다.

자신이 우울증을 겪고 있다고 생각되면 의료 전문가와 상담하는 것이 좋습니다.

불안 관련 문제

아래는 ADHD 성인이 겪을 수 있는 불안 관련 문제입니다.

- **범불안장애**: ADHD와 가장 밀접한 불안 관련 문제입니다. 다양한 걱정들이 성인 ADHD를 겪으며 살아가는 경험에서 비롯됩니다.
- **공황장애**: 불안 장애의 또 다른 형태입니다. 갑작스럽고 압도적인 불안의 쓰나미가 밀려오는 것으로 정의됩니다. 이는 싸움-도피 시스템의 잘못된 경보인데, 심장 마비가 온다든가 통제가 불가능한 상황에 닥칠까 봐 걱정합니다.
- **사회 불안**: 다른 사람들이 자신을 평가하고 비판할 것이라는 확신으로 인해 사회적 상황을 피하는 것이 특징입니다. 식당에서 식사하거나 낯선 사람들과 대화하는 것도 불편해합니다.
- **단순 공포증**: 특정 상황이나 사물을 두려워하는 반응을 가리킵니다. 예를 들어, 동물(뱀), 자연 환경(높은 곳, 폭풍), 혈액-주사-부상(주사 바늘), 특정 장소(비행기) 등에 대한 두려움이 포함됩니다.

비록 불안 장애로 분류되지는 않지만, 외상 후 스트레스 장애(PTSD)와 강박 장애(OCD)도 ADHD와 함께 발생할 수 있습니다. PTSD는 만성적 트라우마 기반 증상으로, 자신이나 타인에게 가해진 잠재적 또는 실제적인 피해(예: 성폭행, 자동차 사고, 자연 재해 등)를 경험하거나 목격한 후 나타나는 플래시백과 트라우마 반응의 재경험을 포함합니다. OCD는 '나쁜' 것으로 여겨지는 생각이 반복적이고 침투적으로 들며, 이를 중화하기 위해 반복적이고 의례적인 행동(정신적 의식 포함)을 수행하는 것이 특징입니다. 과도한 확인 행동이 그 예인데, 이는 정상적인 생활에 방해가 될 수 있습니다.

이러한 정신적 어려움 각각에 대해 CBT 중심의 치료 프로토콜이 존재하며 매우 효과적입니다. 이 치료들은 공포에 노출시켜 더 적응적인 대처 방법을 배우는 데 중점을 두어 공포 기반의 신체적 반응과 사고방식을 극복하게 돕습니다(Rosqvist 2005). 약물 치료도 도움이 됩니다.

만약 이러한 정신적 어려움 중 하나를 겪고 있다고 생각된다면 의료 전문가와 상담하는 것이 좋습니다.

약물 사용 문제

ADHD 성인 중 치료를 받지 않은 성인들 사이에서 약물 사용 문제가 증가하고 있습니다(Barkley 2015). 니코틴, 마리화나, 알코올이 주요 문제 약물입니다. 과도한 기술 사용과 게임도 ADHD 성인들 일부에서는 중독 수준으로 번질 수 있고, 일반인들에게도 문제가 됩니다.

약물 사용은 사교 또는 여가적 사용에서 남용이나 의존에 이르기까지 그 범위가 다양합니다. 치료는 약물의 구체적 종류와 문제 수준에 따라 조정할 수 있습니다. 약물에 의존하는 사람들을 위한 입원 기반 재활 프로그램은 환자를 약물로부터 격리해 안정감을 주어 회복시킵니다. 외래 환자 기반 프로그램도 있는데 주별로 여러 번의 치료 세션에 참여하도록 합니다. 보통은 12단계 프로그램을 활용합니다.

약물 남용이라 생각된다면 의료 전문가와 상의하세요.

의료 문제

ADHD 이력이 있는 사람들은 성인이 되어서도 신체적·정신적 위험에 노출되는 경우가 발생하는 추세입니다(Barkley & Fischer 2019). 미흡한 시간 관리와 무질서함 때문에 예방적 확인과 처방전 준수를 잘 하지 않게 됩니다. 당뇨병 환자가 시간을 맞춰 관리를 하지 못하는 것이 한 예입니다. ADHD 성인은 처방전을 따르고 진료일에 맞춰서 병원을 방문하는 것이 쉽지 않습니다. 과업 기반으로 대응하면 건강한 행동을 잘 조직하고 관리할 수 있게 되고 약속일에 병원 방문도 잘 할 수 있게 됩니다. ADHD는 실행 문제이므로 건강한 습관을 강화하게 되면 성인 ADHD의 의료적·비의료적 치료에 크게 도움이 됩니다.

정리

이 장에서는 앞에서 배운 능동적 대응 전략의 활용에 초점을 둠으로써 자신의 강점을 활용하고 자기 관리를 개선하는 방법에 대해 다루었습니다. 매 단계를 실행할 때마다 스스로를 칭찬해 주세요. 건강과 웰빙 측면에서 조금이라도 진전이 있다면 스트레스와 불안이 줄어들고 전반적인 웰빙과 ADHD 관리가 향상됩니다. 9장은 마지막 장입니다. 전체를 마무리하고 동기를 유지할 수 있도록 도울 것입니다.

제9장

새로운 시작을 향해

이 장은 이 책의 마지막 장인 동시에 배운 내용을 일상 생활에서 활용하기 시작하는 장입니다. 이 책은 요리책처럼 언제든지 사용할 수 있는 준비된 자원입니다. 그러나 요리는 자신이 해야 합니다. 즉, 요리책을 보고 자신의 환경과 식성에 맞춰 대응 전략을 응용하는 것은 자신의 몫입니다. 모든 요리는 유연성을 필요로 합니다. 재료가 다 떨어져서 즉석에서 있는 재료로 대체해야 하기도 하고, 다른 사람의 식성을 반영해야 하기도 하며, 기존 요리법을 무시하고 새로운 방법을 찾을 수도 있습니다.

이 장에서는 ADHD에 대처하는 장기적인 관점을 제시합니다. 스트레스를 포함해 긍정적인 변화에 동반되는 문제에 대해 설명하겠습니다. 대응 전략에서 벗어나거나 의심이 생기는 경우 확신을 드리겠습니다. 이를 통해 원궤도를 유지할 수 있을 것입니다.

새로운 도전

의료에서 재활(rehabilitation)은 예전 기능을 최대한 회복하는 노력을 반영합니다. 수술 후 재활 치료가 그 예입니다. 반면, 능력 개발(habilitation)은 기존 기능을 최적화하고 새로운 기술을 추가하는 노력을 통해 기능을 정상화하는 것을 의미합니다. 성인 ADHD를 위한 CBT의 이상적 관점은 '능력 강화'(abilitation)를 촉진합니다. 즉, 문제를 초월해 새로운 도전을 위한 기술을 확보하거나 과거에 미뤄 뒀던 것을 다시 시작하며 성장과 번영의 씨앗을 뿌리는 것입니다(Ramsay & Rostain 2015b).

한편으로는 긍정적 심리학이 성인 ADHD의 특징으로 종종 언급되는 번영과 재능을 강조하지만, 다른 한편으로는 많은 ADHD 성인들이 ADHD로부터 '초능력'을 발견하지 못하고 일상 생활에서 고군분투하고 있습니다. SNS에 실리는 많은 유해한 긍정성이 부정적 비교와 짜증을 일깨웁니다. SNS에는 다음과 같이 불평하는 문구도 발견되곤 합니다.

"ADHD가 신이 주신 재능 '선물'이라는데 반품 가능할까요?"

양측의 관점 모두 고려할 가치가 있습니다. 이 책을 읽으면서 어떤 독자는 대학 과정을 마저 마칠 용기가 생겼을 수도 있고, 자격증 과정에 등록하고 싶게 될 수도 있습니다. 또는 그림 그리기 과정에 등록했을 수도 있습니다. 집안일이나 회사 업무를 더 안정적으로 할 수 있게 됨으로써 상대적인 승리감을 맛보고 계실 수도 있습니다. 자신을 위한 휴식 시간을 늘림으로써 자기 관리를 향상하고 계실 지도 모르겠습니다. 이러한 예는 모두 번영의 예입니다. 하지만 후자의 경우는 성과를 깎아내리며 "이건 원래 내가 계속 해 왔어야 할 일이야."라고 쉽게 무시할 수도 있음을 명심하십시오. 그렇지만 이것도 이 장에서 얻을 교훈이기도 합니다. 이 책을 시작하기 전보다 나아진 점이 있다면 이러한 점진적인 발전을 인식하고 존중해야 합니다.

성찰하기

이 책에서 배운 대응 전략과 연습을 활용하면서 발견한 나만의 점진적 개선 사항은 무엇인가요? 통찰력이나 아이디어 수준이라도 상관없습니다.

목표를 달성하지 못했더라도 점진적인 진전이 있으면 축하할 수 있습니다. 이러한 마음가짐이 익숙한지 보십시오. 각각에 대해 적절한 답변을 작성해 보세요. 자신에게 거리두기를 적용해 '너'라고 불러도 좋습니다.

비교적 사고: "나는 아직도 _____ (동료의 이름이나 '이 책을 사용하는 다른 사람들'과 같은 일반적인 예시를 넣어 보세요.) 만큼 잘하지 못하고 있어."

비현실적 기준과 비교: "이쯤 되면 더 잘하고 있어야 해." 또는 "이 나이에 책 없이도 이걸 할 수 있어야 하는데."

긍정 무시하기: "한동안 기술을 잘 사용했지만, 주말 동안 흐트러졌어. 내가 변하지 않을 거라는 걸 알았어야 했는데."

흑백 사고: "하루라도 플래너를 사용하지 않거나 미루면, 이건 효과가 없는 거야."

　이 책에서 배운 기술을 활용해 새로운 도전에 대해 점진적인 개선을 맛볼 수 있을 것입니다. 그렇지만 자신에 대한 기대는 점차 높아질 것입니다. 예를 들어 회의에 정시 참여하는 횟수가 늘어날 것이지만, 반면 한 번이라도 약속을 놓치면 더 낙담할 수 있습니다. 실수를 정상화하고 인정하고, 이를 분석해 고치고 자기 연민을 실행하며 이 스트레스가 자기 향상의 신호임을 인식하는 것 모두 자신이 잘 대처하고 있음을 증명합니다.

　문제에 대처하는 것을 행동 용어로 설명하는 것은 회복탄력성이 있는 대처 전략입니다. 행동 용어를 사용하는 것은 친구나 동료들과 의사소통할 때 효과적인 전략입니다. 켈리의 예를 들면, 친구들이 선의로 놀릴 때 이렇게 대처했습니다.

　"너네가 '켈리 타임'이라고 할 때마다 난 당황스러워. 이제 그러지 말아줬음 좋겠어."

　켈리의 예는 ADHD가 극히 개인적인 특성을 가지고 있음을 보여줍니다. 실행 기능은 자신이 하려는 일과 밀접하게 관련되어 있으며, 이러한 노력은 자아에 대한 관점과 연결되어 있습니다. 결과적으로 자신이 스스로에 대해 가장 가혹한 비판자이자 자기 연민을 가장 심하게 반대하는 주체일 것입니다. 그러나 구체적이고 실행 가능한 행동을 목표 지점에서 실행하는 SAP 계획을 다시 활용하면 회복이 좀 더 감당할 만할 것입니다. 물론 쉽다는 얘기는 아닙니다. 성격을 바꾸는 것보다는 쉬울 것이란 얘기입니다.

성찰하기

해결해야 할 구체적인 행동으로서 ADHD 관련한 자기 비판이나 타인의 비판은 무엇인가요? 이 중 자신에게 해당하는 것이 있나요?

- 지각
- 회의나 약속 잊기
- 미루기 또는 회피-도피
- 업무나 과제 마감을 지키지 못함
- 다른 사람의 피드백을 잘 못 받아들임
- 감정적 과잉 대응

이 밖에 다른 행동이 있으면 적어 주세요.

자기 비판적인 생각을 주의하는 것 외에도, 진전을 이루었음에도 실수나 비판에 대한 감정적인 반응, 그리고 후퇴할지 모른다는 걱정이 있을 수 있습니다. 이전과 마찬가지로 그러한 것을 유발하는 것들, 생각, 느낌, 감각에 이름을 붙이십시오. 이러한 거리두기 단계를 통해 자신의 감정을 들여다볼 수 있는 감정적·정신적 여유가 생깁니다. 불쾌한 반응도 때로는 긍정적 속성이 들어 있음을 명심하세요. 정시에 도착하고 약속을 지키고 싶어 하는 마음이 그 예입니다. 실수에 맞는 감정을 유지하면서 자신의 강점을 확인할 수 있습니다.

이러한 문제는 자신이 발전하고 있기 때문에 발생한다는 것을 잊지 마십시오. 좋은 문제입니다. 긍정적인 변화가 기대를 높이듯 새로운 기회의 문도 열게 됩니다. 아래에서 설명드리겠습니다.

새로운 기회

CBT의 주요 목표는 치료사가 필요 없도록 하는 것입니다. 배운 기술은 자신이 알아서 필요에 맞춰 사용하면 됩니다. 그럼에도 불구하고 많은 사람들이 새 업무 등 새로운 도전을 만나면 CBT 보강 세션이나 몇 번의 조율 세션을 신청합니다.

이제 이 책을 활용하시면 됩니다. ADHD 관리를 위한 추가 지원을 통해 능력 강화를 추구하고 싶으실 수도 있습니다. 이 책의 마지막 부분은 당신이 하고 싶거나 시간을 쓰고 싶은 일에 대해 자유롭게 상상해 볼 기회를 제공합니다.

이 책을 고른 이유가 큰 목표를 위한 것이었을 수도 있고, 집안일이나 플래너 사용과 같이 소소한 일상 목표를 위한 것이었을 수도 있습니다. 둘 다 똑같이 고상한 의도입니다. 근본적 전략이 더 큰 목표와 실천을 지원합니다. 자신의 계획을 고려해 봅시다.

성찰하기

아래는 의도를 행동으로 전환하는 기술을 적용하는 질문입니다.

재활(rehabilitation) 목표는 무엇인가요? 과거에 잘 진행되었던 프로젝트나 습관이지만 그만 뒀거나 다시 하고 싶은 것이 있나요?

능력 개발(habilitation)목표는 무엇인가요? 자신에 대해 이해한 바와 환경을 성공적으로 조정한 것이 있다면 설명해 보세요. 예를 들어 책의 대응 전략을 자신에게 적합하게 수정한 부분이 있다면 적어 보세요.

능력 강화(abilitation) 목표는 무엇인가요? 즉, 과거에는 엄두를 내지 못했던 프로젝트, 노력, 목표였지만 지금은 가능해 보이는 것이 있나요?

다른 습관, 의무, 성인으로서의 역할, 관계 또는 개인적인 목표 중에서 의도를 행동으로 옮기고 싶은 것들은 무엇인가요?

　　긍정적 변화도 스트레스를 줍니다. CBT 기술이 있으면 목표를 추구할 때 겪는 다양한 스트레스와 ADHD 불안을 관리할 수 있게 됩니다. 일부 스트레스는 동기부여가 될 수 있고, 긍정적 흥분과 호기심과 관련된 감각은 불안감과 유사하다는 점을 명심하십시오. '성인 ADHD 지원 그룹 미팅은 처음이라 불안해요.' 와 같은 감정입니다.

　　정보와 동기부여를 외재화함으로써 의도와 평가를 뇌 전면에 배치하는 것도 목표를 이행하는 데 도움이 됩니다. 플래너, 미루기 방지 계획, 동기부여 리마인더 등도 계획을 유지하는 데 도움이 됩니다. 의심이 생기면 인지 기술을 사용하는 것도 대처에 도움이 됩니다. 과제 착수와 감정 관리를 돕는 거리두기 자기 대화도 도움이 됩니다(Kross 2021). 실행 선언도 어떤 계획이든 첫 번째 행동을 착수하는 데 매우 유용하며, SAP 계획도 마찬가지입니다(Gollwitzer & Oettingen 2016).

연습하기

목표 관리에 사용할, 동기부여되고 영감을 주는 리마인더와 문구를 적어 보세요. 진행 과정에서 새로이 발견한 것들을 적어도 좋습니다. 이런 방법을 통해 이 책을 완전히 자신의 것으로 만들 수 있습니다. 이 책을 마무리하는 멋진 방법이기도 합니다.

정리

잘 하셨습니다. 많은 것을 이루셨습니다. ADHD와 불안에 대해 배웠고 이를 어떤 관점으로 보고 어떻게 대처해야 하는지도 배웠습니다. 이러한 과정을 통해 이들의 특별한 연결성, 일관성 있는 비일관성, 성인 ADHD-불안 연결에 숨어 있는 불확실성에 대해서도 배웠습니다.

성인 ADHD 맞춤 CBT 모델과 이를 사용해 성인 ADHD-불안 연결을 끊을 수 있는 방법에 대해서도 배웠습니다. 자신의 생각, 느낌, 행동을 인식하고 재평가하는 방법에 대해 배우고 자신의 의도에 맞는 실행 계획을 수립하는 방법에 대해서도 배웠습니다. ADHD가 사회 네트워크에 미치는 파급 효과도 생각해 볼 시간을 가졌습니다. 이 틀을 활용해 플래너와 기타 대처 기술에 대한 잠재적인 회의와 의심도 해결했습니다.

시간 관리, 미루기 방지 기술 및 전략에 관한 장들을 살피며 실행 기능 문제에 대응하고 의도를 조직하고 실행하는 방법을 개선했습니다.

특별히 중점을 둔 주제는 사회 생활과 ADHD가 인간 관계와 사회 영역에 미치는 영향이었습니다. 사회적 자본이라는 비유를 활용해 관계 계좌와 자기 옹호 및 관리를 배웠습니다. 여기에는 자기 연민과 해로운 관계 회피가 포함됩니다.

또한 ADHD-불안 연결과 영향을 주고받는 건강과 웰빙 문제를 살펴 본 장도 있었습니다. 건강한 습관과 자기 관리는 ADHD 대처 능력을 높이고 스트레스를 줄입니다.

마지막으로, 진전을 이룸에 따라서 발생하는 많은 도전과 훨씬 더 많은 기회를 살펴보았습니다. ADHD 관리에 필요한 대처 전략은 일관성을 구축할 수 있는 토대를 제공합니다. ADHD와 함께 하는 삶에는 불확실성이 따르지만, 이제 당신은 의도를 행동으로 변환하고 계획과 목표를 실현하는 데 필요한 툴을 갖추고 있습니다.

저는 나중에 실행할 더 크고 바람직한 목표를 실행하는 데 필요한 자그마한 단계를 요리법을 예로 들어 설명했습니다. 이 요리법은 나중에 맛있는 요리로 탄생합니다. 이 책이 당신과 당신의 ADHD-불안 연결에 도움이 되기를 기원합니다. 이 책을 개인화해서 자신만의 요리법을 만들고, 자신과 자신의 능력을 믿고 목표를 실행하실 수 있기를 기원합니다. 자, 이제 요리를 시작하세요!

참고문헌

2018 Physical Activity Guidelines Advisory Committee. 2018. *2018 Physical Activity Guidelines Advisory Committee Scientific Report.* Washington, DC: US Department of Health and Human Services.

Bandura, A. 1997. *Self-Efficacy: The Exercise of Control.* New York: Freeman.

Barkley, R. A. 2012. *Executive Functions: What They Are, How They Work, and Why They Evolved.* New York: Guilford Press.

_____. 2015. *Attention-Deficit Hyperactivity Disorder: A Handbook for Diagnosis and Treatment,* 4th ed. New York: Guilford Press.

Barkley, R. A., and M. Fischer. 2019. "Hyperactive Childhood Syndrome and Estimated Life Expectancy at Young Adult Follow-Up: The Role of Adult ADHD and Other Potential Predictors." *Journal of Attention Disorders* 23: 907-923.

Barrett, L. F., J. Gross, T. C. Christensen, and M. Benvenuto. 2001. "Knowing What You're Feeling and Knowing What to Do About It: Mapping the Relation Between Emotion Differentiation and Emotion Regulation." *Cognition and Emotion* 15: 713-724.

Beaton, D. M., F. Sirois, and E. Milne. 2020. "Self-Compassion and Perceived Criticism in Adults with Attention Deficit Hyperactivity Disorder (ADHD)." *Mindfulness* 11: 2506-2518.

_____. 2022. "The Role of Self-Compassion in the Mental Health of Adults with ADHD." *Journal of Clinical Psychology* 78(12): 2497-2512.

Beck, A. T. 1967. *Depression: Causes and Treatments.* Philadelphia: University of Pennsylvania Press.

Beck, A. T., G. Emery, and R. L. Greenberg. 1985. *Anxiety Disorders and Phobias: A Cognitive Perspective.* New York: Basic Books.

Beck, J. S. 2008. *The Beck Diet Solution.* Birmingham, AL: Oxmoor House.

Bodalski, E. A., L. E. Knouse, and D. Kovalev. 2019. "Adult ADHD, Emotion Dysregulation, and Functional Outcomes: Examining the Role of Emotion Regulation Strategies." *Journal of Psychopathology and Behavioral Assessment* 41: 81-92.

Brooks, J. A., H. Shablack, M. Gendron, A. B. Satpute, M. H. Parrish, and K. A. Lindquist. 2017. "The Role of Language in the Experience and Perception of Emotion: A Neuroimaging Meta-Analysis." *Social Cognitive and Affective Neuroscience* 12: 169-183.

Brown, T. A., T. A. O'Leary, and D. H. Barlow. 2001. "Generalized Anxiety Disorder." In *Clinical Handbook of Psychological Disorders,* 3rd ed., edited by D. H. Barlow. New York: Guilford Press.

Burns, D. D. 2020. *Feeling Great: The Revolutionary New Treatment for Depression and Anxiety.* Eau Claire, WI: PESI.

Children and Adults with Attention-Deficit/Hyperactivity Disorder (CHADD). 2015. "Fact Sheet: ADHD and Comorbidities." *CHADD.*

Chung, W., S.-F. Jiang, D. Paksarian, A. Nikolaidis, F. X. Castellanos, K. R. Merikangas, and M. P. Milham. 2019. "Trends in the Prevalence and Incidence of Attention-Deficit/Hyperactivity Disorder Among Adults and Children of Different Racial and Ethnic Groups." *JAMA Network Open* 2(11): e1914344.

Dodson, W. 2023. "How ADHD Ignites Rejection Sensitive Dysphoria." *Additude Magazine.* https://www.additudemag.com/rejection-sensitive-dysphoria-and-adhd.

Dugas, M. J., F. Gagnon, R. Ladouceur, and M. H. Freeston. 1998. "Generalized

Anxiety Disorder: A Preliminary Test of a Conceptual Model." *Behaviour Research and Therapy* 36(2): 215-226.

Duhigg, C. 2012. *The Power of Habit: Why We Do What We Do in Life and Business.* New York: Random House.

El Archi, S., S. Cortese, N. Ballon, C. Réveillère, A. De Luca, S. Barrault, and P. Brunault. 2020. "Negative Affectivity and Emotional Dysregulation as Mediators Between ADHD and Disordered Eating: A Systematic Review." *Nutrients* 12(11): 3292.

Fuller-Thomson, E., L. Carrique, and A. MacNeil. 2022. "Generalized Anxiety Disorder Among Adults with Attention Deficit Hyperactivity Disorder." *Journal of Affective Disorders* 299: 707-714.

Goldstein, S., and J. A. Naglieri, eds. 2014. *Handbook of Executive Functioning.* New York: Springer.

Gollwitzer, P. M., and G. Oettingen. 2016. "Planning Promotes Goal Striving." In *Handbook of Self-Regulation: Research, Theory, and Applications,* 3rd ed., edited by K. D. Vohs and R. F. Baumeister. New York: Guilford Press.

Guntuku, S. C., J. R. Ramsay, R. M. Merchant, and L. H. Ungar. 2019. "Language of ADHD in Adults on Social Media." *Journal of Attention Disorders* 23: 1475-1485.

Haidt, J. 2006. *The Happiness Hypothesis: Finding Modern Truth in Ancient Wisdom.* New York: Basic Books.

Hallowell, E. M. 1997. *Worry: Hope and Help for a Common Condition.* New York: Random House.

Hallowell, E. M., and J. J. Ratey. 2021. *ADHD 2.0: New Science and Essential Strategies for Thriving with Distraction—From Childhood Through Adulthood.* New York: Ballantine Books.

Hinshaw, S. P., P. T. Nguyen, S. M. O'Grady, and E. A. Rosenthal. 2022. "Annual

Research Review: Attention-Deficit/Hyperactivity Disorder in Girls and Women: Underrepresentation, Longitudinal Process, and Key Directions." *Journal of Child Psychology and Psychiatry* 63(4): 484-496.

Hofmann, S. G. 2016. *Emotion in Therapy: From Science to Practice.* New York: Guilford Press.

Jaffe, E. 2013. "Why Wait? The Science Behind Procrastination." *APS Observer,* March 29. www.psychologicalscience.org/observer/why-wait-the-science-behind-procrastination.

Kelly, K., and P. Ramundo. 1993. *You Mean I'm Not Lazy, Stupid, or Crazy?!* New York: Scribner.

Knouse, L. E., I. Zvorsky, and S. A. Safren. 2013. "Depression in Adults with Attention-Deficit/Hyperactivity Disorder (ADHD): The Mediating Role of Cognitive-Behavioral Factors." *Cognitive Therapy & Research* 37: 1220-1232.

Kross, E. 2021. *Chatter: The Voice in Our Head, Why It Matters, and How to Harness It.* New York: Crown.

Leahy, R. L. 2005. *The Worry Cure: Seven Steps to Stop Worry from Stopping You.* New York: Guilford Press.

Leary, M. R., C. Springer, L. Negel, E. Ansell, and K. Evans. 1998. "The Causes, Phenomenology, and Consequences of Hurt Feelings." *Journal of Personality and Social Psychology* 74(5): 1225-1237.

Levitin, D. J. 2014. *The Organized Mind: Thinking Straight in the Age of Information Overload.* New York: Plume.

Lieberman, M. D., N. I. Eisenberger, M. J. Crockett, S. M. Tom, J. H. Pfeifer, and B. M. Way. 2007. "Putting Feeling into Words: Affect Labeling Disrupts Amygdala Activity in Response to Affective Stimuli." *Psychological Science* 18: 421-428.

Lokuge, S., K. Fotinos, S. Clarissa, C. Bains, T. Sternat, I. Epstein, et al. 2023.

"Underlying Mechanisms of ADHD Predict Anxiety Severity: A Prelimi-
nary Analysis Paper." Presented at The Annual Conference of the Ameri-
can Professional Society of ADHD and Related Disorders, Orlando, FL.

Mlodinow, L. 2022. *Emotional: How Feelings Shape Our Thinking.* New York:
Pantheon.

Orlov, M. 2010. *The ADHD Effect on Marriage: Understand and Rebuild Your
Relationship in Six Steps.* Plantation, FL: Specialty Press.

Paul, A. M. 2021. *The Extended Mind: The Power of Thinking Outside the
Brain.* New York: Houghton Mifflin Harcourt.

Pera, G. 2008. *Is It You, Me, or Adult A.D.D.? Stopping the Roller Coaster
When Someone You Love Has Attention Deficit Disorder.* San Francisco,
CA: 1201 Alarm Press.

Pera, G., and A. L. Robin, eds. 2016. *Adult ADHD-Focused Couple Therapy:
Clinical Interventions.* New York: Routledge.

Peterson, C., and M. E. P. Seligman. 2004. *Character Strengths and Virtues: A
Handbook and Classification.* Washington, DC: American Psychological
Association.

Porges, S. W., ed. 2021. *Polyvagal Safety: Attachment, Communication,
Self-Regulation.* New York: W. W. Norton.

Ramsay, J. R. 2020. *Rethinking Adult ADHD: Helping Clients Turn Intentions
into Actions.* Washington, DC: American Psychological Association.

Ramsay, J. R., and A. L. Rostain. 2015a. *The Adult ADHD Tool Kit: Using CBT
to Facilitate Coping Inside and Out.* New York: Routledge.

_____. 2015b. *Cognitive Behavioral Therapy for Adult ADHD: An Integrative
Psychosocial and Medical Approach.* 2nd ed. New York: Routledge.

_____. 2016. "Adult ADHD as an Implementation Problem: Clinical Signifi-
cance, Underlying Mechanisms, and Psychosocial Treatment." *Practice
Innovations* 1(1): 36-52.

Ratey, J. 2008. *Spark: The Revolutionary New Science of Exercise and the Brain.* New York: Little, Brown.

Roemer, L., E. H. Eustis, and S. M. Orsillo. 2021. "Generalized Anxiety Disorder: An Acceptance-Based Behavioral Therapy." In *Clinical Handbook of Psychological Disorders,* 5th ed., edited by D. H. Barlow. New York: Guilford Press.

Rogers, D. C., A. J. Dittner, K. A. Rimes, and T. Chalder. 2017. "Fatigue in an Adult Attention Deficit Hyperactivity Disorder Population: A Trans-Diagnostic Approach." *British Journal of Clinical Psychology* 56: 33-52.

Rosenfield, B., J. R. Ramsay, and A. L. Rostain. 2008. "Extreme Makeover: The Case of a Young Adult Man with Severe Attention-Deficit/Hyperactivity Disorder." *Clinical Case Studies* 7(6): 471-490.

Rosqvist, J. 2005. *Exposure Treatments for Anxiety Disorders: A Practitioner's Guide to Concepts, Methods, and Evidence-Based Practice.* New York: Routledge.

Sarkis, S. M. 2018. *Gaslighting: Recognize Manipulative and Emotionally Abusive People—and Break Free.* New York: De Capo Press.

_____. 2022. *Healing from Toxic Relationships: 10 Essential Steps to Recover from Gaslighting, Narcissism, and Emotional Abuse.* New York: Hachette.

Sedgwick, J. A., A. Merwood, and P. Asherson. 2019. "The Positive Aspects of Attention Deficit Hyperactivity Disorder: A Qualitative Investigation of Successful Adults with ADHD." *ADHD Attention Deficit Hyperactivity Disorder* 11: 241-253.

Seligman, M. E. P., and M. Csikszentmihalyi. 2000. "Positive Psychology: An Introduction." *American Psychologist* 55(1): 5-14.

Spradlin, S. E. 2003. *Don't Let Your Emotions Run Your Life: How Dialectical Behavior Therapy Can Put You in Control.* Oakland, CA: New Harbinger.

Steel, P. 2007. "The Nature of Procrastination: A Meta-Analytic and Theoretical

Review of Quintessential Self-Regulatory Failure." *Psychological Bulletin* 133(1): 65-94.

Strohmeier, C., B. Rosenfield, R. A. DiTomasso, and J. R. Ramsay. 2016. "Assessment of the Relationship Between Cognitive Distortions, Adult ADHD, Anxiety, Depression, and Hopelessness." *Psychiatry Research* 238: 153-158.

Surman, C. B. H., and D. M. Walsh. 2022. "Do Treatments for Adult ADHD Improve Emotional Behavior? A Systematic Review and Analysis." *Journal of Attention Disorders* 26(14): 1822-1832.

Tierney, J., and R. F. Baumeister. 2019. *The Power of Bad: How the Negativity Effect Rules Us and How We Can Rule It.* New York: Penguin.

Wright, R. 1994. *The Moral Animal: Evolutionary Psychology and Everyday Life.* New York: Vintage Books.

Young, J. L. 2013. "Chronic Fatigue Syndrome: 3 Cases and a Discussion of the Natural History of Attention-Deficit/Hyperactivity Disorder." *Postgraduate Medicine* 125: 162-168.

성인 ADHD와
불안 다스리기

ⓒ 램지 러셀, 2025

초판 1쇄 발행 2025년 2월 24일

지은이   램지 러셀
옮긴이   이지민
감수   양용준 · 유승택
펴낸이   이기봉
편집   좋은땅 편집팀
펴낸곳   도서출판 좋은땅
주소   서울특별시 마포구 양화로12길 26 지월드빌딩 (서교동 395-7)
전화   02)374-8616~7
팩스   02)374-8614
이메일   gworldbook@naver.com
홈페이지 www.g-world.co.kr

ISBN   979-11-388-4024-8 (03180)